ALEMÃO
VOCABULÁRIO

PALAVRAS MAIS ÚTEIS

PORTUGUÊS ALEMÃO

Para alargar o seu léxico e apurar as suas competências linguísticas

3000 palavras

Vocabulário Português-Alemão - 3000 palavras
Por Andrey Taranov

Os vocabulários da T&P Books destinam-se a ajudar a aprender, a memorizar, e a rever palavras estrangeiras. O dicionário é dividido em temas, cobrindo todas as principais esferas de atividades quotidianas, negócios, ciência, cultura, etc.

O processo de aprendizagem, utilizando os dicionários baseados em temáticas da T&P Books dá-lhe as seguintes vantagens:

- Informação de origem corretamente agrupada predetermina o sucesso em fases subsequentes da memorização de palavras
- Disponibilização de palavras derivadas da mesma raiz, o que permite a memorização de unidades de texto (em vez de palavras separadas)
- Pequenas unidades de palavras facilitam o processo de estabelecimento de vínculos associativos necessários para a consolidação do vocabulário
- O nível de conhecimento da língua pode ser estimado pelo número de palavras aprendidas

Copyright © 2018 T&P Books Publishing

Todos os direitos reservados. Nenhuma parte desta publicação pode ser reproduzida, total ou parcialmente, por quaisquer métodos ou processos, sejam eles eletrónicos, mecânicos, de fotocópia ou outros, sem a autorização escrita do editor. Esta publicação não pode ser divulgada, copiada ou distribuída em nenhum formato.

T&P Books Publishing
www.tpbooks.com

ISBN: 978-1-78400-959-5

Este livro também está disponível em formato E-book.
Por favor visite www.tpbooks.com ou as principais livrarias on-line.

VOCABULÁRIO ALEMÃO
palavras mais úteis

Os vocabulários da T&P Books destinam-se a ajudar a aprender, a memorizar, e a rever palavras estrangeiras. O vocabulário contém mais de 3000 palavras de uso comum organizadas tematicamente.

O vocabulário contém as palavras mais comummente usadas
Recomendado como adicional para qualquer curso de línguas
Satisfaz as necessidades dos iniciados e dos alunos avançados de línguas estrangeiras
Conveniente para o uso diário, sessões de revisão e atividades de auto-teste
Permite avaliar o seu vocabulário

Características especias do vocabulário

- As palavras estão organizadas de acordo com o seu significado, e não por ordem alfabética
- As palavras são apresentadas em três colunas para facilitar os processos de revisão e auto-teste
- As palavras compostas são divididas em pequenos blocos para facilitar o processo de aprendizagem
- O vocabulário oferece uma transcrição simples e adequada de cada palavra estrangeira

O vocabulário contém 101 tópicos incluindo:

Conceitos básicos, Números, Cores, Meses, Estações do ano, Unidades de medida, Roupas & Acessórios, Alimentos & Nutrição, Restaurante, Membros da Família, Parentes, Caráter, Sentimentos, Emoções, Doenças, Cidade, Passeios, Compras, Dinheiro, Casa, Lar, Escritório, Trabalho no Escritório, Importação & Exportação, Marketing, Pesquisa de Emprego, Desportos, Educação, Computador, Internet, Ferramentas, Natureza, Países, Nacionalidades e muito mais ...

TABELA DE CONTEÚDOS

Guia de pronunciação	8
Abreviaturas	10

CONCEITOS BÁSICOS 12

1. Pronomes 12
2. Cumprimentos. Saudações 12
3. Questões 13
4. Preposições 13
5. Palavras funcionais. Advérbios. Parte 1 14
6. Palavras funcionais. Advérbios. Parte 2 15

NÚMEROS. DIVERSOS 17

7. Números cardinais. Parte 1 17
8. Números cardinais. Parte 2 18
9. Números ordinais 18

CORES. UNIDADES DE MEDIDA 19

10. Cores 19
11. Unidades de medida 19
12. Recipientes 20

VERBOS PRINCIPAIS 22

13. Os verbos mais importantes. Parte 1 22
14. Os verbos mais importantes. Parte 2 23
15. Os verbos mais importantes. Parte 3 24
16. Os verbos mais importantes. Parte 4 24

TEMPO. CALENDÁRIO 26

17. Dias da semana 26
18. Horas. Dia e noite 26
19. Meses. Estações 27

VIAGENS. HOTEL	30
20. Viagens	30
21. Hotel	30
22. Turismo	31

TRANSPORTES	33
23. Aeroporto	33
24. Avião	34
25. Comboio	35
26. Barco	36

CIDADE	38
27. Transportes urbanos	38
28. Cidade. Vida na cidade	39
29. Instituições urbanas	40
30. Sinais	41
31. Compras	42

VESTUÁRIO & ACESSÓRIOS	44
32. Roupa exterior. Casacos	44
33. Vestuário de homem & mulher	44
34. Vestuário. Roupa interior	45
35. Adereços de cabeça	45
36. Calçado	45
37. Acessórios pessoais	46
38. Vestuário. Diversos	46
39. Cuidados pessoais. Cosméticos	47
40. Relógios de pulso. Relógios	48

EXPERIÊNCIA DO QUOTIDIANO	49
41. Dinheiro	49
42. Correios. Serviço postal	50
43. Banca	50
44. Telefone. Conversação telefónica	51
45. Telefone móvel	52
46. Estacionário	52
47. Línguas estrangeiras	53

REFEIÇÕES. RESTAURANTE	55
48. Por a mesa	55
49. Restaurante	55
50. Refeições	55
51. Pratos cozinhados	56
52. Comida	57

53.	Bebidas	59
54.	Vegetais	60
55.	Frutos. Nozes	61
56.	Pão. Bolaria	61
57.	Especiarias	62

INFORMAÇÃO PESSOAL. FAMÍLIA — 63

58.	Informação pessoal. Formulários	63
59.	Membros da família. Parentes	63
60.	Amigos. Colegas de trabalho	64

CORPO HUMANO. MEDICINA — 66

61.	Cabeça	66
62.	Corpo humano	67
63.	Doenças	67
64.	Simtomas. Tratamentos. Parte 1	69
65.	Simtomas. Tratamentos. Parte 2	70
66.	Simtomas. Tratamentos. Parte 3	71
67.	Medicina. Drogas. Acessórios	71

APARTAMENTO — 73

68.	Apartamento	73
69.	Mobiliário. Interior	73
70.	Quarto de dormir	74
71.	Cozinha	74
72.	Casa de banho	75
73.	Eletrodomésticos	76

A TERRA. TEMPO — 77

74.	Espaço sideral	77
75.	A Terra	78
76.	Pontos cardeais	79
77.	Mar. Oceano	79
78.	Nomes de Mares e Oceanos	80
79.	Montanhas	81
80.	Nomes de montanhas	82
81.	Rios	82
82.	Nomes de rios	83
83.	Floresta	83
84.	Recursos naturais	84
85.	Tempo	85
86.	Tempo extremo. Catástrofes naturais	86

FAUNA — 88

| 87. | Mamíferos. Predadores | 88 |
| 88. | Animais selvagens | 88 |

89. Animais domésticos	89
90. Pássaros	90
91. Peixes. Animais marinhos	92
92. Amfíbios. Répteis	92
93. Insetos	93

FLORA 94

94. Árvores	94
95. Arbustos	94
96. Frutos. Bagas	95
97. Flores. Plantas	96
98. Cereais, grãos	97

PAÍSES DO MUNDO 98

99. Países. Parte 1	98
100. Países. Parte 2	99
101. Países. Parte 3	100

GUIA DE PRONUNCIAÇÃO

Alfabeto fonético T&P	Exemplo Alemão	Exemplo Português

Vogais

[a]	Blatt	chamar
[ɐ]	Meister	amar
[e]	Melodie	metal
[ɛ]	Herbst	mesquita
[ə]	Leuchte	milagre
[ɔ]	Knopf	emboço
[o]	Operette	lobo
[œ]	Förster	orgulhoso
[ø]	nötig	orgulhoso
[æ]	Los Angeles	semana
[i]	Spiel	sinónimo
[ɪ]	Absicht	sinónimo
[ʊ]	Skulptur	bonita
[u]	Student	bonita
[y]	Pyramide	questionar
[ʏ]	Eukalyptus	questionar

Consoantes

[b]	Bibel	barril
[d]	Dorf	dentista
[f]	Elefant	safári
[ʒ]	Ingenieur	talvez
[dʒ]	Jeans	adjetivo
[j]	Interview	géiser
[g]	August	gosto
[h]	Haare	[h] aspirada
[ç]	glücklich	caixa
[x]	Kochtopf	fricativa uvular surda
[k]	Kaiser	kiwi
[l]	Verlag	libra
[m]	Messer	magnólia
[n]	Norden	natureza
[ŋ]	Onkel	alcançar
[p]	Gespräch	presente

Alfabeto fonético T&P	Exemplo Alemão	Exemplo Português
[r]	Force majeure	riscar
[ʁ]	Kirche	[r] vibrante
[R]	fragen	[r] vibrante
[s]	Fenster	sanita
[t]	Foto	tulipa
[ts]	Gesetz	tsé-tsé
[ʃ]	Anschlag	mês
[tʃ]	Deutsche	Tchau!
[w]	Sweater	página web
[v]	Antwort	fava
[z]	langsam	sésamo

Ditongos

[aɪ]	Speicher	cereais
[ɪa]	Miniatur	Himalaias
[ɪo]	Radio	ioga
[jo]	Illustration	ioga
[ɔɪ]	feucht	moita
[ɪe]	Karriere	folheto

Símbolos adicionais

[']	['aːbɐ]	acento principal
[ˌ]	['dɛŋkˌmaːl]	acento secundário
[ʔ]	[oˈliːvənˌʔøːl]	oclusiva glotal
[ː]	['myːlə]	som de longa duração
[·]	['ʀaɪzə·byˌʀoː]	ponto mediano

ABREVIATURAS
usadas no vocabulário

Abreviaturas do Português

adj	- adjetivo
adv	- advérbio
anim.	- animado
conj.	- conjunção
desp.	- desporto
etc.	- etecetra
ex.	- por exemplo
f	- nome feminino
f pl	- feminino plural
fem.	- feminino
inanim.	- inanimado
m	- nome masculino
m pl	- masculino plural
m, f	- masculino, feminino
masc.	- masculino
mat.	- matemática
mil.	- militar
pl	- plural
prep.	- preposição
pron.	- pronome
sb.	- sobre
sing.	- singular
v aux	- verbo auxiliar
vi	- verbo intransitivo
vi, vt	- verbo intransitivo, transitivo
vr	- verbo reflexivo
vt	- verbo transitivo

Abreviaturas do Alemão

f	- nome feminino
f pl	- feminino plural
f, n	- feminino, neutro
m	- nome masculino
m pl	- masculino plural
m, f	- masculino, feminino
m, n	- masculino, neutro
n	- neutro

n pl	-	neutro plural
pl	-	plural
v mod	-	verbo modal
vi	-	verbo intransitivo
vi, vt	-	verbo intransitivo, transitivo
vt	-	verbo transitivo

CONCEITOS BÁSICOS

1. Pronomes

eu	ich	[ɪç]
tu	du	[duː]
ele	er	[eːɐ]
ela	sie	[ziː]
ele, ela (neutro)	es	[ɛs]
nós	wir	[viːɐ]
vocês	ihr	[iːɐ]
você (sing.)	Sie	[ziː]
você (pl)	Sie	[ziː]
eles, elas	sie	[ziː]

2. Cumprimentos. Saudações

Olá!	Hallo!	[haˈloː]
Bom dia! (formal)	Hallo!	[haˈloː]
Bom dia! (de manhã)	Guten Morgen!	[ˈguːtən ˈmɔʁɡən]
Boa tarde!	Guten Tag!	[ˈguːtən ˈtaːk]
Boa noite!	Guten Abend!	[ˈguːtən ˈaːbənt]
cumprimentar (vt)	grüßen (vi, vt)	[ˈgʀyːsən]
Olá!	Hallo!	[haˈloː]
saudação (f)	Gruß (m)	[gʀuːs]
saudar (vt)	begrüßen (vt)	[bəˈgʀyːsən]
Como vai?	Wie geht's?	[ˌviː ˈgeːts]
O que há de novo?	Was gibt es Neues?	[vas giːpt ɛs ˈnɔɪəs]
Até à vista!	Auf Wiedersehen!	[aʊf ˈviːdɐˌzeːən]
Até breve!	Bis bald!	[bɪs balt]
Adeus! (sing.)	Lebe wohl!	[ˈleːbə voːl]
Adeus! (pl)	Leben Sie wohl!	[ˈleːbən ziː voːl]
despedir-se (vr)	sich verabschieden	[zɪç fɛɐˈapʃiːdən]
Até logo!	Tschüs!	[tʃyːs]
Obrigado! -a!	Danke!	[ˈdaŋkə]
Muito obrigado! -a!	Dankeschön!	[ˈdaŋkəʃøːn]
De nada	Bitte!	[ˈbɪtə]
Não tem de quê	Keine Ursache!	[ˈkaɪnə ˈuːɐˌzaxə]
De nada	Nichts zu danken!	[nɪçts tsu ˈdaŋkən]
Desculpa!	Entschuldige!	[ɛntˈʃʊldɪɡə]
Desculpe!	Entschuldigung!	[ɛntˈʃʊldɪɡʊŋ]
desculpar (vt)	entschuldigen (vt)	[ɛntˈʃʊldɪɡən]

desculpar-se (vr)	sich entschuldigen	[zɪç ɛntˈʃʊldɪɡən]
As minhas desculpas	Verzeihung!	[fɛɐˈtsaɪʊŋ]
Desculpe!	Entschuldigung!	[ɛntˈʃʊldɪɡʊŋ]
perdoar (vt)	verzeihen (vt)	[fɛɐˈtsaɪən]
Não faz mal	Das macht nichts!	[das maχt nɪçts]
por favor	bitte	[ˈbɪtə]
Não se esqueça!	Nicht vergessen!	[nɪçt fɛɐˈɡɛsən]
Certamente! Claro!	Natürlich!	[naˈtyːɐlɪç]
Claro que não!	Natürlich nicht!	[naˈtyːɐlɪç ˈnɪçt]
Está bem! De acordo!	Gut! Okay!	[ɡuːt], [oˈkeː]
Basta!	Es ist genug!	[ɛs ist ɡəˈnuːk]

3. Questões

Quem?	Wer?	[veːɐ]
Que?	Was?	[vas]
Onde?	Wo?	[voː]
Para onde?	Wohin?	[voˈhɪn]
De onde?	Woher?	[voˈheːɐ]
Quando?	Wann?	[van]
Para quê?	Wozu?	[voˈtsuː]
Porquê?	Warum?	[vaˈʀʊm]
Para quê?	Wofür?	[voˈfyːɐ]
Como?	Wie?	[viː]
Qual?	Welcher?	[ˈvɛlçɐ]
Qual? (entre dois ou mais)	Welcher?	[ˈvɛlçɐ]
A quem?	Wem?	[veːm]
Sobre quem?	Über wen?	[ˈyːbɐ veːn]
Do quê?	Wovon?	[voːˈfɔn]
Com quem?	Mit wem?	[mɪt veːm]
Quantos? -as?	Wie viele?	[vi: ˈfiːlə]
Quanto?	Wie viel?	[ˈviː fiːl]
De quem? (masc.)	Wessen?	[ˈvɛsən]

4. Preposições

com (prep.)	mit	[mɪt]
sem (prep.)	ohne	[ˈoːnə]
a, para (exprime lugar)	nach	[naːχ]
sobre (ex. falar ~)	über	[ˈyːbɐ]
antes de ...	vor	[foːɐ]
diante de ...	vor	[foːɐ]
sob (debaixo de)	unter	[ˈʊntɐ]
sobre (em cima de)	über	[ˈyːbɐ]
sobre (~ a mesa)	auf	[aʊf]
de (vir ~ Lisboa)	aus	[ˈaʊs]
de (feito ~ pedra)	aus, von	[ˈaʊs], [fɔn]

dentro de (~ dez minutos)	in	[ɪn]
por cima de ...	über	[ˈyːbɐ]

5. Palavras funcionais. Advérbios. Parte 1

Onde?	Wo?	[voː]
aqui	hier	[hiːɐ]
lá, ali	dort	[dɔʁt]

em algum lugar	irgendwo	[ˈɪʁɡəntˈvoː]
em lugar nenhum	nirgends	[ˈnɪʁɡənts]

ao pé de ...	an	[an]
ao pé da janela	am Fenster	[am ˈfɛnstɐ]

Para onde?	Wohin?	[voˈhɪn]
para cá	hierher	[ˈhiːɐˈheːɐ]
para lá	dahin	[daˈhɪn]
daqui	von hier	[fɔn hiːɐ]
de lá, dali	von da	[fɔn daː]

perto	nah	[naː]
longe	weit	[vaɪt]

perto de ...	in der Nähe von ...	[ɪn deːɐ ˈnɛːɐ fɔn]
ao lado de	in der Nähe	[ɪn deːɐ ˈnɛːə]
perto, não fica longe	unweit	[ˈʊnvaɪt]

esquerdo	link	[lɪŋk]
à esquerda	links	[lɪŋks]
para esquerda	nach links	[naːχ lɪŋks]

direito	recht	[ʁɛçt]
à direita	rechts	[ʁɛçts]
para direita	nach rechts	[naːχ ʁɛçts]

à frente	vorne	[ˈfɔʁnə]
da frente	Vorder-	[ˈfɔʁdɐ]
em frente (para a frente)	vorwärts	[ˈfoːɐvɛʁts]

atrás de ...	hinten	[ˈhɪntən]
por detrás (vir ~)	von hinten	[fɔn ˈhɪntən]
para trás	rückwärts	[ˈʁʏkˌvɛʁts]

meio (m), metade (f)	Mitte (f)	[ˈmɪtə]
no meio	in der Mitte	[ɪn deːɐ ˈmɪtə]
de lado	seitlich	[ˈzaɪtlɪç]
em todo lugar	überall	[yːbɐˈʔal]
ao redor (olhar ~)	ringsherum	[ˌʁɪŋshɛˈʁʊm]

de dentro	von innen	[fɔn ˈɪnən]
para algum lugar	irgendwohin	[ˈɪʁɡəntvoˈhɪn]
diretamente	geradeaus	[ɡəʁaːdəˈʔaʊs]
de volta	zurück	[tsuˈʁʏk]

de algum lugar	irgendwoher	['ɪʁgənt·vo'heːɐ]
de um lugar	von irgendwo	[fɔn ˌɪʁgənt'voː]
em primeiro lugar	erstens	['eːɐstəns]
em segundo lugar	zweitens	['tsvaɪtəns]
em terceiro lugar	drittens	['dʀɪtəns]
de repente	plötzlich	['plœtslɪç]
no início	zuerst	[tsuː'ʔeːɐst]
pela primeira vez	zum ersten Mal	[tsʊm 'eːɐstən 'maːl]
muito antes de ...	lange vor ...	['laŋə foːɐ]
de novo, novamente	von Anfang an	[fɔn 'anˌfaŋ an]
para sempre	für immer	[fyːɐ 'ɪmɐ]
nunca	nie	[niː]
de novo	wieder	['viːdɐ]
agora	jetzt	[jɛtst]
frequentemente	oft	[ɔft]
então	damals	['daːmaːls]
urgentemente	dringend	['dʀɪŋənt]
usualmente	gewöhnlich	[gə'vøːnlɪç]
a propósito, ...	übrigens, ...	['yːbʀɪgəns]
é possível	möglicherweise	['møːklɪçɐ'vaɪzə]
provavelmente	wahrscheinlich	[vaːɐ'ʃaɪnlɪç]
talvez	vielleicht	[fi'laɪçt]
além disso, ...	außerdem ...	['aʊsɐdeːm]
por isso ...	deshalb ...	['dɛs'halp]
apesar de ...	trotz ...	[tʀɔts]
graças a ...	dank ...	[daŋk]
que (pron.)	was	[vas]
que (conj.)	das	[das]
algo	etwas	['ɛtvas]
alguma coisa	irgendwas	['ɪʁgənt'vas]
nada	nichts	[nɪçts]
quem	wer	[veːɐ]
alguém (~ teve uma ideia ...)	jemand	['jeːmant]
alguém	irgendwer	['ɪʁgənt'veːɐ]
ninguém	niemand	['niːmant]
para lugar nenhum	nirgends	['nɪʁgənts]
de ninguém	niemandes	['niːmandəs]
de alguém	jemandes	['jeːmandəs]
tão	so	[zoː]
também (gostaria ~ de ...)	auch	['aʊχ]
também (~ eu)	ebenfalls	['eːbənˌfals]

6. Palavras funcionais. Advérbios. Parte 2

Porquê?	Warum?	[va'ʀʊm]
por alguma razão	aus irgendeinem Grund	['aʊs ˌɪʁgənt'ʔaɪnəm gʀʊnt]

| porque ... | weil ... | [vaɪl] |
| por qualquer razão | zu irgendeinem Zweck | [tsu 'ɪʁgənt'ʔaɪnəm tsvɛk] |

e (tu ~ eu)	und	[ʊnt]
ou (ser ~ não ser)	oder	['o:dɐ]
mas (porém)	aber	['a:bɐ]
para (~ a minha mãe)	für	[fy:ɐ]

demasiado, muito	zu	[tsu:]
só, somente	nur	[nu:ɐ]
exatamente	genau	[gə'naʊ]
cerca de (~ 10 kg)	etwa	['ɛtva]

aproximadamente	ungefähr	['ʊngəfɛ:ɐ]
aproximado	ungefähr	['ʊngəfɛ:ɐ]
quase	fast	[fast]
resto (m)	Übrige (n)	['y:bʀɪgə]

o outro (segundo)	der andere	[de:ɐ 'andəʀə]
outro	andere	['andəʀə]
cada	jeder (m)	['je:dɐ]
qualquer	beliebig	[bɛ'li:bɪç]
muito	viel	[fi:l]
muitas pessoas	viele Menschen	['fi:lə 'mɛnʃən]
todos	alle	['alə]

em troca de ...	im Austausch gegen ...	[ɪm 'aʊsˌtaʊʃ 'ge:gən]
em troca	dafür	[da'fy:ɐ]
à mão	mit der Hand	[mɪt de:ɐ hant]
pouco provável	schwerlich	['ʃve:ɐlɪç]

provavelmente	wahrscheinlich	[va:ɐ'ʃaɪnlɪç]
de propósito	absichtlich	['apˌzɪçtlɪç]
por acidente	zufällig	['tsu:fɛlɪç]

muito	sehr	[ze:ɐ]
por exemplo	zum Beispiel	[tsʊm 'baɪʃpi:l]
entre	zwischen	['tsvɪʃən]
entre (no meio de)	unter	['ʊntɐ]
tanto	so viel	[zo: 'fi:l]
especialmente	besonders	[bə'zɔndɐs]

NÚMEROS. DIVERSOS

7. Números cardinais. Parte 1

zero	null	[nʊl]
um	eins	[aɪns]
dois	zwei	[tsvaɪ]
três	drei	[dʀaɪ]
quatro	vier	[fiːɐ]
cinco	fünf	[fʏnf]
seis	sechs	[zɛks]
sete	sieben	[ˈziːbən]
oito	acht	[aχt]
nove	neun	[nɔɪn]
dez	zehn	[tseːn]
onze	elf	[ɛlf]
doze	zwölf	[tsvœlf]
treze	dreizehn	[ˈdʀaɪtseːn]
catorze	vierzehn	[ˈfiʀtseːn]
quinze	fünfzehn	[ˈfʏnftseːn]
dezasseis	sechzehn	[ˈzɛçtseːn]
dezassete	siebzehn	[ˈziːptseːn]
dezoito	achtzehn	[ˈaχtseːn]
dezanove	neunzehn	[ˈnɔɪntseːn]
vinte	zwanzig	[ˈtsvantsɪç]
vinte e um	einundzwanzig	[ˈaɪn·ʊntˈtsvantsɪç]
vinte e dois	zweiundzwanzig	[ˈtsvaɪ·ʊntˈtsvantsɪç]
vinte e três	dreiundzwanzig	[ˈdʀaɪ·ʊntˈtsvantsɪç]
trinta	dreißig	[ˈdʀaɪsɪç]
trinta e um	einunddreißig	[ˈaɪn·ʊntˈdʀaɪsɪç]
trinta e dois	zweiunddreißig	[ˈtsvaɪ·ʊntˈdʀaɪsɪç]
trinta e três	dreiunddreißig	[ˈdʀaɪ·ʊntˈdʀaɪsɪç]
quarenta	vierzig	[ˈfiʀtsɪç]
quarenta e um	einundvierzig	[ˈaɪn·ʊntˈfiʀtsɪç]
quarenta e dois	zweiundvierzig	[ˈtsvaɪ·ʊntˈfiʀtsɪç]
quarenta e três	dreiundvierzig	[ˈdʀaɪ·ʊntˈfiʀtsɪç]
cinquenta	fünfzig	[ˈfʏnftsɪç]
cinquenta e um	einundfünfzig	[ˈaɪn·ʊntˈfʏnftsɪç]
cinquenta e dois	zweiundfünfzig	[ˈtsvaɪ·ʊntˈfʏnftsɪç]
cinquenta e três	dreiundfünfzig	[ˈdʀaɪ·ʊntˈfʏnftsɪç]
sessenta	sechzig	[ˈzɛçtsɪç]
sessenta e um	einundsechzig	[ˈaɪn·ʊntˈzɛçtsɪç]

sessenta e dois	zweiundsechzig	['tsvaɪ·ʊnt·'zɛçtsɪç]
sessenta e três	dreiundsechzig	['dʀaɪ·ʊnt·'zɛçtsɪç]
setenta	siebzig	['ziːptsɪç]
setenta e um	einundsiebzig	['aɪn·ʊnt·'ziːptsɪç]
setenta e dois	zweiundsiebzig	['tsvaɪ·ʊnt·'ziːptsɪç]
setenta e três	dreiundsiebzig	['dʀaɪ·ʊnt·'ziːptsɪç]
oitenta	achtzig	['aχtsɪç]
oitenta e um	einundachtzig	['aɪn·ʊnt·'aχtsɪç]
oitenta e dois	zweiundachtzig	['tsvaɪ·ʊnt·'aχtsɪç]
oitenta e três	dreiundachtzig	['dʀaɪ·ʊnt·'aχtsɪç]
noventa	neunzig	['nɔɪntsɪç]
noventa e um	einundneunzig	['aɪn·ʊnt·'nɔɪntsɪç]
noventa e dois	zweiundneunzig	['tsvaɪ·ʊnt·'nɔɪntsɪç]
noventa e três	dreiundneunzig	['dʀaɪ·ʊnt·'nɔɪntsɪç]

8. Números cardinais. Parte 2

cem	einhundert	['aɪnˌhʊndət]
duzentos	zweihundert	['tsvaɪˌhʊndət]
trezentos	dreihundert	['dʀaɪˌhʊndət]
quatrocentos	vierhundert	['fiːɐˌhʊndət]
quinhentos	fünfhundert	['fʏnfˌhʊndət]
seiscentos	sechshundert	[zɛksˌhʊndət]
setecentos	siebenhundert	['ziːbənˌhʊndət]
oitocentos	achthundert	['aχtˌhʊndət]
novecentos	neunhundert	['nɔɪnˌhʊndət]
mil	eintausend	['aɪnˌtaʊzənt]
dois mil	zweitausend	['tsvaɪˌtaʊzənt]
três mil	dreitausend	['dʀaɪˌtaʊzənt]
dez mil	zehntausend	['tsenˌtaʊzənt]
cem mil	hunderttausend	['hʊndətˌtaʊzənt]
um milhão	Million (f)	[mɪ'ljoːn]
mil milhões	Milliarde (f)	[mɪ'lɪaʀdə]

9. Números ordinais

primeiro	der erste	[deːɐ 'ɛʀstə]
segundo	der zweite	[deːɐ 'tsvaɪtə]
terceiro	der dritte	[deːɐ 'dʀɪtə]
quarto	der vierte	[deːɐ 'fiːɐtə]
quinto	der fünfte	[deːɐ 'fʏnftə]
sexto	der sechste	[deːɐ 'zɛkstə]
sétimo	der siebte	[deːɐ 'ziːptə]
oitavo	der achte	[deːɐ 'aχtə]
nono	der neunte	[deːɐ 'nɔɪntə]
décimo	der zehnte	[deːɐ tseːntə]

CORES. UNIDADES DE MEDIDA

10. Cores

cor (f)	Farbe (f)	['faʁbə]
matiz (m)	Schattierung (f)	[ʃa'tiːʀʊŋ]
tom (m)	Farbton (m)	['faʁp,toːn]
arco-íris (m)	Regenbogen (m)	['ʀeːgən,boːgən]

branco	weiß	[vaɪs]
preto	schwarz	[ʃvaʁts]
cinzento	grau	[gʀaʊ]

verde	grün	[gʀyːn]
amarelo	gelb	[gɛlp]
vermelho	rot	[ʀoːt]

azul	blau	[blaʊ]
azul claro	hellblau	['hɛl,blaʊ]
rosa	rosa	['ʀoːza]
laranja	orange	[o'ʀaŋʃ]
violeta	violett	[vɪo'lɛt]
castanho	braun	[bʀaʊn]

dourado	golden	['gɔldən]
prateado	silbrig	['zɪlbʀɪç]

bege	beige	[beːʃ]
creme	cremefarben	['kʀɛːm,faʁbən]
turquesa	türkis	[tʏʁ'kiːs]
vermelho cereja	kirschrot	['kɪʁʃʀoːt]
lilás	lila	['liːla]
carmesim	himbeerrot	['hɪmbeːɐ,ʀoːt]

claro	hell	[hɛl]
escuro	dunkel	['dʊŋkəl]
vivo	grell	[gʀɛl]

de cor	Farb-	['faʁp]
a cores	Farb-	['faʁp]
preto e branco	schwarz-weiß	['ʃvaʁts,vaɪs]
unicolor	einfarbig	['aɪn,faʁbɪç]
multicor	bunt	[bʊnt]

11. Unidades de medida

peso (m)	Gewicht (n)	[gə'vɪçt]
comprimento (m)	Länge (f)	['lɛŋə]

largura (f)	Breite (f)	['bʀaɪtə]
altura (f)	Höhe (f)	['hø:ə]
profundidade (f)	Tiefe (f)	['ti:fə]
volume (m)	Volumen (n)	[vo'lu:mən]
área (f)	Fläche (f)	['flɛçə]

grama (m)	Gramm (n)	[gʀam]
miligrama (m)	Milligramm (n)	['mɪli‚gʀam]
quilograma (m)	Kilo (n)	['ki:lo]
tonelada (f)	Tonne (f)	['tɔnə]
libra (453,6 gramas)	Pfund (n)	[pfʊnt]
onça (f)	Unze (f)	['ʊntsə]

metro (m)	Meter (m, n)	['me:tɐ]
milímetro (m)	Millimeter (m)	['mɪli‚me:tɐ]
centímetro (m)	Zentimeter (m, n)	[‚tsɛnti'me:tɐ]
quilómetro (m)	Kilometer (m)	[‚kilo'me:tɐ]
milha (f)	Meile (f)	['maɪlə]

polegada (f)	Zoll (m)	[tsɔl]
pé (304,74 mm)	Fuß (m)	[fu:s]
jarda (914,383 mm)	Yard (n)	[ja:ɐt]

| metro (m) quadrado | Quadratmeter (m) | [kva'dʀa:t‚me:tɐ] |
| hectare (m) | Hektar (n) | ['hɛkta:ɐ] |

litro (m)	Liter (m, n)	['li:tɐ]
grau (m)	Grad (m)	[gʀa:t]
volt (m)	Volt (n)	[vɔlt]
ampere (m)	Ampere (n)	[am'pe:ɐ]
cavalo-vapor (m)	Pferdestärke (f)	['pfe:ɐdəˌʃtɛʁkə]

quantidade (f)	Anzahl (f)	['antsa:l]
um pouco de ...	etwas ...	['ɛtvas]
metade (f)	Hälfte (f)	['hɛlftə]
dúzia (f)	Dutzend (n)	['dʊtsənt]
peça (f)	Stück (n)	[ʃtʏk]

| dimensão (f) | Größe (f) | ['gʀø:sə] |
| escala (f) | Maßstab (m) | ['ma:sˌʃta:p] |

mínimo	minimal	[mini'ma:l]
menor, mais pequeno	der kleinste	[de:ɐ 'klaɪnstə]
médio	mittler, mittel-	['mɪtlɐ], ['mɪtəl]
máximo	maximal	[maksi'ma:l]
maior, mais grande	der größte	[de:ɐ 'gʀø:stə]

12. Recipientes

boião (m) de vidro	Glas (n)	[gla:s]
lata (~ de cerveja)	Dose (f)	['do:zə]
balde (m)	Eimer (m)	['aɪmɐ]
barril (m)	Fass (n), Tonne (f)	[fas], ['tɔnə]
bacia (~ de plástico)	Waschschüssel (n)	['vaʃʃʏsəl]

tanque (m)	Tank (m)	[taŋk]
cantil (m) de bolso	Flachmann (m)	['flaxman]
bidão (m) de gasolina	Kanister (m)	[ka'nɪstɐ]
cisterna (f)	Zisterne (f)	[tsɪs'tɛʁnə]
caneca (f)	Kaffeebecher (m)	['kafəˌbɛçɐ]
chávena (f)	Tasse (f)	['tasə]
pires (m)	Untertasse (f)	['ʊntɐˌtasə]
copo (m)	Wasserglas (n)	['vasɐˌɡlaːs]
taça (f) de vinho	Weinglas (n)	['vaɪnˌɡlaːs]
panela, caçarola (f)	Kochtopf (m)	['kɔxˌtɔpf]
garrafa (f)	Flasche (f)	['flaʃə]
gargalo (m)	Flaschenhals (m)	['flaʃənˌhals]
jarro, garrafa (f)	Karaffe (f)	[ka'ʁafə]
jarro (m) de barro	Tonkrug (m)	['toːnˌkʁuːk]
recipiente (m)	Gefäß (n)	[ɡə'fɛːs]
pote (m)	Tontopf (m)	['toːnˌtɔpf]
vaso (m)	Vase (f)	['vaːzə]
frasco (~ de perfume)	Flakon (n)	[fla'kɔŋ]
frasquinho (ex. ~ de iodo)	Fläschchen (n)	['flɛʃçən]
tubo (~ de pasta dentífrica)	Tube (f)	['tuːbə]
saca (ex. ~ de açúcar)	Sack (m)	[zak]
saco (~ de plástico)	Tüte (f)	['tyːtə]
maço (m)	Schachtel (f)	['ʃaxtəl]
caixa (~ de sapatos, etc.)	Karton (m)	[kaʁ'tɔn]
caixa (~ de madeira)	Kiste (f)	['kɪstə]
cesta (f)	Korb (m)	[kɔʁp]

VERBOS PRINCIPAIS

13. Os verbos mais importantes. Parte 1

abrir (vt)	öffnen (vt)	['œfnən]
acabar, terminar (vt)	beenden (vt)	[bə'ʔɛndən]
aconselhar (vt)	raten (vt)	['ʀaːtən]
adivinhar (vt)	richtig raten (vt)	['ʀɪçtɪç 'ʀaːtən]
advertir (vt)	warnen (vt)	['vaʀnən]
ajudar (vt)	helfen (vi)	['hɛlfən]
almoçar (vi)	zu Mittag essen	[tsu 'mɪtaːk 'ɛsən]
alugar (~ um apartamento)	mieten (vt)	['miːtən]
amar (vt)	lieben (vt)	['liːbən]
ameaçar (vt)	drohen (vi)	['dʀoːən]
anotar (escrever)	aufschreiben (vt)	['aʊfˌʃʀaɪbən]
apanhar (vt)	fangen (vt)	['faŋən]
apressar-se (vr)	sich beeilen	[zɪç bə'ʔaɪlən]
arrepender-se (vr)	bedauern (vt)	[bə'daʊən]
assinar (vt)	unterschreiben (vt)	[ˌʊntɐ'ʃʀaɪbən]
atirar, disparar (vi)	schießen (vi)	['ʃiːsən]
brincar (vi)	Witz machen	[vɪts 'maxən]
brincar, jogar (crianças)	spielen (vi, vt)	['ʃpiːlən]
buscar (vt)	suchen (vt)	['zuːxən]
caçar (vi)	jagen (vi)	['jaɡən]
cair (vi)	fallen (vi)	['falən]
cavar (vt)	graben (vt)	['ɡʀaːbən]
cessar (vt)	einstellen (vt)	['aɪnˌʃtɛlən]
chamar (~ por socorro)	rufen (vi)	['ʀuːfən]
chegar (vi)	ankommen (vi)	['anˌkɔmən]
chorar (vi)	weinen (vi)	['vaɪnən]
começar (vt)	beginnen (vt)	[bə'ɡɪnən]
comparar (vt)	vergleichen (vt)	[fɛɐ'ɡlaɪçən]
compreender (vt)	verstehen (vt)	[fɛɐ'ʃteːən]
concordar (vi)	zustimmen (vi)	['tsuːˌʃtɪmən]
confiar (vt)	vertrauen (vi)	[fɛɐ'tʀaʊən]
confundir (equivocar-se)	verwechseln (vt)	[fɛɐ'vɛksəln]
conhecer (vt)	kennen (vt)	['kɛnən]
contar (fazer contas)	rechnen (vt)	['ʀɛçnən]
contar com (esperar)	auf ... zählen	[aʊf ... 'tsɛːlən]
continuar (vt)	fortsetzen (vt)	['fɔʀtˌzɛtsən]
controlar (vt)	kontrollieren (vt)	[kɔntʀo'liːʀən]
convidar (vt)	einladen (vt)	['aɪnˌlaːdən]
correr (vi)	laufen (vi)	['laʊfən]

criar (vt)	schaffen (vt)	[ˈʃafən]
custar (vt)	kosten (vt)	[ˈkɔstən]

14. Os verbos mais importantes. Parte 2

dar (vt)	geben (vt)	[ˈgeːbən]
dar uma dica	andeuten (vt)	[ˈanˌdɔɪtən]
decorar (enfeitar)	schmücken (vt)	[ˈʃmʏkən]
defender (vt)	verteidigen (vt)	[fɛɐ̯ˈtaɪdɪgən]
deixar cair (vt)	fallen lassen	[ˈfalən ˈlasən]
descer (para baixo)	herabsteigen (vi)	[hɛˈʀapˌʃtaɪgən]
desculpar-se (vr)	sich entschuldigen	[zɪç ɛntˈʃʊldɪgən]
dirigir (~ uma empresa)	leiten (vt)	[ˈlaɪtən]
discutir (notícias, etc.)	besprechen (vt)	[bəˈʃpʀɛçən]
dizer (vt)	sagen (vt)	[ˈzaːgən]
duvidar (vt)	zweifeln (vi)	[ˈtsvaɪfəln]
encontrar (achar)	finden (vt)	[ˈfɪndən]
enganar (vt)	täuschen (vt)	[ˈtɔɪʃən]
entrar (na sala, etc.)	hereinkommen (vi)	[hɛˈʀaɪnˌkɔmən]
enviar (uma carta)	abschicken (vt)	[ˈapˌʃɪkən]
errar (equivocar-se)	sich irren	[zɪç ˈɪʀən]
escolher (vt)	wählen (vt)	[ˈvɛːlən]
esconder (vt)	verstecken (vt)	[fɛɐ̯ˈʃtɛkən]
escrever (vt)	schreiben (vi, vt)	[ˈʃʀaɪbən]
esperar (o autocarro, etc.)	warten (vi)	[ˈvaʁtən]
esperar (ter esperança)	hoffen (vi)	[ˈhɔfən]
esquecer (vt)	vergessen (vt)	[fɛɐ̯ˈgɛsən]
estudar (vt)	lernen (vt)	[ˈlɛʁnən]
exigir (vt)	verlangen (vt)	[fɛɐ̯ˈlaŋən]
existir (vi)	existieren (vi)	[ˌɛksɪsˈtiːʀən]
explicar (vt)	erklären (vt)	[ɛɐ̯ˈklɛːʀən]
falar (vi)	sprechen (vi)	[ˈʃpʀɛçən]
faltar (clases, etc.)	versäumen (vt)	[fɛɐ̯ˈzɔɪmən]
fazer (vt)	machen (vt)	[ˈmaxən]
ficar em silêncio	schweigen (vi)	[ˈʃvaɪgən]
gabar-se, jactar-se (vr)	prahlen (vi)	[ˈpʀaːlən]
gostar (apreciar)	gefallen (vi)	[gəˈfalən]
gritar (vi)	schreien (vi)	[ˈʃʀaɪən]
guardar (cartas, etc.)	aufbewahren (vt)	[ˈaʊfbəˌvaːʀən]
informar (vt)	informieren (vt)	[ɪnfɔʁˈmiːʀən]
insistir (vi)	bestehen auf	[bəˈʃteːən aʊf]
insultar (vt)	kränken (vt)	[ˈkʀɛŋkən]
interessar-se (vr)	sich interessieren	[zɪç ɪntəʀɛˈsiːʀən]
ir (a pé)	gehen (vi)	[ˈgeːən]
ir nadar	schwimmen gehen	[ˈʃvɪmən ˈgeːən]
jantar (vi)	zu Abend essen	[tsu ˈaːbənt ˈɛsən]

15. Os verbos mais importantes. Parte 3

ler (vt)	lesen (vi, vt)	['le:zən]
libertar (cidade, etc.)	befreien (vt)	[bə'fraɪən]
matar (vt)	ermorden (vt)	[ɛɐ'mɔʁdən]
mencionar (vt)	erwähnen (vt)	[ɛɐ'vɛ:nən]
mostrar (vt)	zeigen (vt)	['tsaɪgən]
mudar (modificar)	ändern (vt)	['ɛndən]
nadar (vi)	schwimmen (vi)	['ʃvɪmən]
negar-se (vt)	sich weigern	[zɪç 'vaɪgɐn]
objetar (vt)	einwenden (vt)	['aɪn͜vɛndən]
observar (vt)	beobachten (vt)	[bə'ʔo:baxtən]
ordenar (mil.)	befehlen (vt)	[ˌbə'fe:lən]
ouvir (vt)	hören (vt)	['hø:ʁən]
pagar (vt)	zahlen (vt)	['tsa:lən]
parar (vi)	stoppen (vt)	['ʃtɔpən]
participar (vi)	teilnehmen (vi)	['taɪlˌne:mən]
pedir (comida)	bestellen (vt)	[bə'ʃtɛlən]
pedir (um favor, etc.)	bitten (vt)	['bɪtən]
pegar (tomar)	nehmen (vt)	['ne:mən]
pensar (vt)	denken (vi, vt)	['dɛŋkən]
perceber (ver)	bemerken (vt)	[bə'mɛʁkən]
perdoar (vt)	verzeihen (vt)	[fɛɐ'tsaɪən]
perguntar (vt)	fragen (vt)	['fʁa:gən]
permitir (vt)	erlauben (vt)	[ɛɐ'laʊbən]
pertencer (vt)	gehören (vi)	[gə'hø:ʁən]
planear (vt)	planen (vt)	['pla:nən]
poder (vi)	können (v mod)	['kœnən]
possuir (vt)	besitzen (vt)	[bə'zɪtsən]
preferir (vt)	vorziehen (vt)	['foɐˌtsi:ən]
preparar (vt)	zubereiten (vt)	['tsu:bəˌʁaɪtən]
prever (vt)	voraussehen (vt)	[fo'ʁaʊsˌze:ən]
prometer (vt)	versprechen (vt)	[fɛɐ'ʃpʁɛçən]
pronunciar (vt)	aussprechen (vt)	['aʊsˌʃpʁɛçən]
propor (vt)	vorschlagen (vt)	['fo:ɐˌʃla:gən]
punir (castigar)	bestrafen (vt)	[bə'ʃtʁa:fən]

16. Os verbos mais importantes. Parte 4

quebrar (vt)	brechen (vt)	['bʁɛçən]
queixar-se (vr)	klagen (vi)	['kla:gən]
querer (desejar)	wollen (vt)	['vɔlən]
recomendar (vt)	empfehlen (vt)	[ɛm'pfe:lən]
repetir (dizer outra vez)	noch einmal sagen	[nɔx 'aɪnma:l 'za:gən]
repreender (vt)	schelten (vt)	['ʃɛltən]
reservar (~ um quarto)	reservieren (vt)	[ʁezɛʁ'vi:ʁən]

responder (vt)	antworten (vi)	['ant‚vɔʁtən]
rezar, orar (vi)	beten (vi)	['beːtən]
rir (vi)	lachen (vi)	['laχən]
roubar (vt)	stehlen (vt)	['ʃteːlən]
saber (vt)	wissen (vt)	['vɪsən]
sair (~ de casa)	ausgehen (vi)	['aʊsˌgeːən]
salvar (vt)	retten (vt)	['ʀɛtən]
seguir ...	folgen (vi)	['fɔlgən]
sentar-se (vr)	sich setzen	[zɪç 'zɛtsən]
ser necessário	nötig sein	['nøːtɪç zaɪn]
ser, estar	sein (vi)	[zaɪn]
significar (vt)	bedeuten (vt)	[bə'dɔɪtən]
sorrir (vi)	lächeln (vi)	['lɛçəln]
subestimar (vt)	unterschätzen (vt)	[ˌʊntɐ'ʃɛtsən]
surpreender-se (vr)	staunen (vi)	['ʃtaʊnən]
tentar (vt)	versuchen (vt)	[fɛɐ'zuːχən]
ter (vt)	haben (vt)	[haːbən]
ter fome	hungrig sein	['hʊŋʀɪç zaɪn]
ter medo	Angst haben	['aŋst 'haːbən]
ter sede	Durst haben	['dʊʁst 'haːbən]
tocar (com as mãos)	berühren (vt)	[bə'ʀyːʀən]
tomar o pequeno-almoço	frühstücken (vi)	['fʀyːʃtʏkən]
trabalhar (vi)	arbeiten (vi)	['aʁbaɪtən]
traduzir (vt)	übersetzen (vt)	[ˌyːbɐ'zɛtsən]
unir (vt)	vereinigen (vt)	[fɛɐ'ʔaɪnɪgən]
vender (vt)	verkaufen (vt)	[fɛɐ'kaʊfən]
ver (vt)	sehen (vi, vt)	['zeːən]
virar (ex. ~ à direita)	abbiegen (vi)	['apˌbiːgən]
voar (vi)	fliegen (vi)	['fliːgən]

TEMPO. CALENDÁRIO

17. Dias da semana

segunda-feira (f)	**Montag** (m)	['moːntaːk]
terça-feira (f)	**Dienstag** (m)	['diːnstaːk]
quarta-feira (f)	**Mittwoch** (m)	['mɪtvɔx]
quinta-feira (f)	**Donnerstag** (m)	['dɔnɐstaːk]
sexta-feira (f)	**Freitag** (m)	['fʀaɪtaːk]
sábado (m)	**Samstag** (m)	['zamstaːk]
domingo (m)	**Sonntag** (m)	['zɔntaːk]
hoje	**heute**	['hɔɪtə]
amanhã	**morgen**	['mɔʁgən]
depois de amanhã	**übermorgen**	['yːbɐˌmɔʁgən]
ontem	**gestern**	['gɛstɐn]
anteontem	**vorgestern**	['foːɐgɛstɐn]
dia (m)	**Tag** (m)	[taːk]
dia (m) de trabalho	**Arbeitstag** (m)	['aʁbaɪtsˌtaːk]
feriado (m)	**Feiertag** (m)	['faɪɐˌtaːk]
dia (m) de folga	**freier Tag** (m)	['fʀaɪɐ taːk]
fim (m) de semana	**Wochenende** (n)	['vɔxənˌʔɛndə]
o dia todo	**den ganzen Tag**	[den 'gantsən 'taːk]
no dia seguinte	**am nächsten Tag**	[am 'nɛːçstən taːk]
há dois dias	**zwei Tage vorher**	[tsvaɪ 'taːgə 'foːɐheːɐ]
na véspera	**am Vortag**	[am 'foːɐˌtaːk]
diário	**täglich**	['tɛːklɪç]
todos os dias	**täglich**	['tɛːklɪç]
semana (f)	**Woche** (f)	['vɔxə]
na semana passada	**letzte Woche**	['lɛtstə 'vɔxə]
na próxima semana	**nächste Woche**	['nɛːçstə 'vɔxə]
semanal	**wöchentlich**	['vœçəntlɪç]
cada semana	**wöchentlich**	['vœçəntlɪç]
duas vezes por semana	**zweimal pro Woche**	['tsvaɪmaːl pʀo 'vɔxə]
cada terça-feira	**jeden Dienstag**	['jeːdən 'diːnstaːk]

18. Horas. Dia e noite

manhã (f)	**Morgen** (m)	['mɔʁgən]
de manhã	**morgens**	['mɔʁgəns]
meio-dia (m)	**Mittag** (m)	['mɪtaːk]
à tarde	**nachmittags**	['naːxmɪˌtaːks]
noite (f)	**Abend** (m)	['aːbənt]
à noite (noitinha)	**abends**	['aːbənts]

noite (f)	Nacht (f)	[naχt]
à noite	nachts	[naχts]
meia-noite (f)	Mitternacht (f)	['mɪtɐˌnaχt]
segundo (m)	Sekunde (f)	[zeˈkʊndə]
minuto (m)	Minute (f)	[miˈnuːtə]
hora (f)	Stunde (f)	[ˈʃtʊndə]
meia hora (f)	eine halbe Stunde	[ˈaɪnə ˈhalbə ˈʃtʊndə]
quarto (m) de hora	Viertelstunde (f)	[ˈfɪʁtəlˌʃtʊndə]
quinze minutos	fünfzehn Minuten	[ˈfʏnftseːn miˈnuːtən]
vinte e quatro horas	Tag und Nacht	[ˈtaːk ʊnt ˈnaχt]
nascer (m) do sol	Sonnenaufgang (m)	[ˈzɔnənˌʔaʊfgaŋ]
amanhecer (m)	Morgendämmerung (f)	[ˈmɔʁgənˌdɛməʁʊŋ]
madrugada (f)	früher Morgen (m)	[ˈfʁyːɐ ˈmɔʁgən]
pôr do sol (m)	Sonnenuntergang (m)	[ˈzɔnənˌʔʊntəgaŋ]
de madrugada	früh am Morgen	[fʁyː am ˈmɔʁgən]
hoje de manhã	heute morgen	[ˈhɔɪtə ˈmɔʁgən]
amanhã de manhã	morgen früh	[ˈmɔʁgən fʁyː]
hoje à tarde	heute Mittag	[ˈhɔɪtə ˈmɪtaːk]
à tarde	nachmittags	[ˈnaːχmɪˌtaːks]
amanhã à tarde	morgen Nachmittag	[ˈmɔʁgən ˈnaːχmɪˌtaːk]
hoje à noite	heute Abend	[ˈhɔɪtə ˈaːbənt]
amanhã à noite	morgen Abend	[ˈmɔʁgən ˈaːbənt]
às três horas em ponto	Punkt drei Uhr	[pʊŋkt dʁaɪ uːɐ]
por volta das quatro	gegen vier Uhr	[ˈgeːgn fiːɐ uːɐ]
às doze	um zwölf Uhr	[ʊm tsvœlf uːɐ]
dentro de vinte minutos	in zwanzig Minuten	[ɪn ˈtsvantsɪç miˈnuːtən]
dentro duma hora	in einer Stunde	[ɪn ˈaɪnɐ ˈʃtʊndə]
a tempo	rechtzeitig	[ˈʁɛçtˌtsaɪtɪç]
menos um quarto	Viertel vor ...	[ˈfɪʁtəl foːɐ]
durante uma hora	innerhalb einer Stunde	[ˈɪnɐhalp ˈaɪnɐ ˈʃtʊndə]
a cada quinze minutos	alle fünfzehn Minuten	[ˈalə ˈfʏnftseːn miˈnuːtən]
as vinte e quatro horas	Tag und Nacht	[ˈtaːk ʊnt ˈnaχt]

19. Meses. Estações

janeiro (m)	Januar (m)	[ˈjanuaːɐ]
fevereiro (m)	Februar (m)	[ˈfeːbʁuaːɐ]
março (m)	März (m)	[mɛʁts]
abril (m)	April (m)	[aˈpʁɪl]
maio (m)	Mai (m)	[maɪ]
junho (m)	Juni (m)	[ˈjuːni]
julho (m)	Juli (m)	[ˈjuːli]
agosto (m)	August (m)	[aʊˈgʊst]
setembro (m)	September (m)	[zɛpˈtɛmbɐ]
outubro (m)	Oktober (m)	[ɔkˈtoːbɐ]

novembro (m)	November (m)	[no'vɛmbɐ]
dezembro (m)	Dezember (m)	[de'tsɛmbɐ]

primavera (f)	Frühling (m)	['fʀy:lɪŋ]
na primavera	im Frühling	[ɪm 'fʀy:lɪŋ]
primaveril	Frühlings-	['fʀy:lɪŋs]

verão (m)	Sommer (m)	['zɔmɐ]
no verão	im Sommer	[ɪm 'zɔmɐ]
de verão	Sommer-	['zɔmɐ]

outono (m)	Herbst (m)	[hɛʁpst]
no outono	im Herbst	[ɪm hɛʁpst]
outonal	Herbst-	[hɛʁpst]

inverno (m)	Winter (m)	['vɪntɐ]
no inverno	im Winter	[ɪm 'vɪntɐ]
de inverno	Winter-	['vɪntɐ]

mês (m)	Monat (m)	['mo:nat]
este mês	in diesem Monat	[ɪn 'di:zəm 'mo:nat]
no próximo mês	nächsten Monat	['nɛ:çstən 'mo:nat]
no mês passado	letzten Monat	['lɛtstən 'mo:nat]

há um mês	vor einem Monat	[fo:ɐ 'aɪnəm 'mo:nat]
dentro de um mês	über eine Monat	['y:bɐ 'aɪnə 'mo:nat]
dentro de dois meses	in zwei Monaten	[ɪn tsvaɪ 'mo:natən]
todo o mês	einen ganzen Monat	['aɪnən 'gantsən 'mo:nat]
um mês inteiro	den ganzen Monat	[de:n 'gantsən 'mo:nat]

mensal	monatlich	['mo:natlɪç]
mensalmente	monatlich	['mo:natlɪç]
cada mês	jeden Monat	['je:dən 'mo:nat]
duas vezes por mês	zweimal pro Monat	['tsvaɪma:l pʀo 'mo:nat]

ano (m)	Jahr (n)	[ja:ɐ]
este ano	dieses Jahr	['di:zəs ja:ɐ]
no próximo ano	nächstes Jahr	['nɛ:çstəs ja:ɐ]
no ano passado	voriges Jahr	['fo:ʀɪgəs ja:ɐ]

há um ano	vor einem Jahr	[fo:ɐ 'aɪnəm ja:ɐ]
dentro dum ano	in einem Jahr	[ɪn 'aɪnəm ja:ɐ]
dentro de 2 anos	in zwei Jahren	[ɪn tsvaɪ 'ja:ʀən]
todo o ano	ein ganzes Jahr	[aɪn 'gantsəs ja:ɐ]
um ano inteiro	das ganze Jahr	[das 'gantsə ja:ɐ]

cada ano	jedes Jahr	['je:dəs ja:ɐ]
anual	jährlich	['jɛ:ɐlɪç]
anualmente	jährlich	['jɛ:ɐlɪç]
quatro vezes por ano	viermal pro Jahr	['fi:ɐma:l pʀo ja:ɐ]

data (~ de hoje)	Datum (n)	['da:tʊm]
data (ex. ~ de nascimento)	Datum (n)	['da:tʊm]
calendário (m)	Kalender (m)	[ka'lɛndɐ]
meio ano	ein halbes Jahr	[aɪn 'halbəs ja:ɐ]
seis meses	Halbjahr (n)	['halpja:ɐ]

| estação (f) | Saison (f) | [zɛˈzɔŋ] |
| século (m) | Jahrhundert (n) | [jaːɐˈhʊndɐt] |

VIAGENS. HOTEL

20. Viagens

turismo (m)	Tourismus (m)	[tu'ʀɪsmʊs]
turista (m)	Tourist (m)	[tu'ʀɪst]
viagem (f)	Reise (f)	['ʀaɪzə]
aventura (f)	Abenteuer (n)	['aːbəntɔɪɐ]
viagem (f)	Fahrt (f)	[faːɐt]
férias (f pl)	Urlaub (m)	['uːɐˌlaʊp]
estar de férias	auf Urlaub sein	[aʊf 'uːɐˌlaʊp zaɪn]
descanso (m)	Erholung (f)	[ɛɐ'hoːlʊŋ]
comboio (m)	Zug (m)	[tsuːk]
de comboio (chegar ~)	mit dem Zug	[mɪt dem tsuːk]
avião (m)	Flugzeug (n)	['fluːkˌtsɔɪk]
de avião	mit dem Flugzeug	[mɪt dem 'fluːkˌtsɔɪk]
de carro	mit dem Auto	[mɪt dem 'aʊto]
de navio	mit dem Schiff	[mɪt dem ʃɪf]
bagagem (f)	Gepäck (n)	[gə'pɛk]
mala (f)	Koffer (m)	['kɔfɐ]
carrinho (m)	Gepäckwagen (m)	[gə'pɛkˌvaːgən]
passaporte (m)	Pass (m)	[pas]
visto (m)	Visum (n)	['viːzʊm]
bilhete (m)	Fahrkarte (f)	['faːɐˌkaʀtə]
bilhete (m) de avião	Flugticket (n)	['fluːkˌtɪkət]
guia (m) de viagem	Reiseführer (m)	['ʀaɪzəˌfyːʀɐ]
mapa (m)	Landkarte (f)	['lantˌkaʀtə]
local (m), area (f)	Gegend (f)	['geːgənt]
lugar, sítio (m)	Ort (m)	[ɔʀt]
exotismo (m)	Exotika (pl)	[ɛ'ksoːtika]
exótico	exotisch	[ɛ'ksoːtɪʃ]
surpreendente	erstaunlich	[ɛɐ'ʃtaʊnlɪç]
grupo (m)	Gruppe (f)	['gʀʊpə]
excursão (f)	Ausflug (m)	['aʊsˌfluːk]
guia (m)	Reiseleiter (m)	['ʀaɪzəˌlaɪtɐ]

21. Hotel

hotel (m)	Hotel (n)	[ho'tɛl]
motel (m)	Motel (n)	[mo'tɛl]
três estrelas	drei Sterne	[dʀaɪ 'ʃtɛʀnə]

Português	Alemão	Pronúncia
cinco estrelas	fünf Sterne	[fʏnf 'ʃtɛʁnə]
ficar (~ num hotel)	absteigen (vi)	['apˌʃtaɪɡən]
quarto (m)	Hotelzimmer (n)	[ho'tɛlˌtsɪmɐ]
quarto (m) individual	Einzelzimmer (n)	['aɪntsəlˌtsɪmɐ]
quarto (m) duplo	Zweibettzimmer (n)	['tsvaɪbɛtˌtsɪmɐ]
reservar um quarto	reservieren (vt)	[ʁezɛʁ'viːʁən]
meia pensão (f)	Halbpension (f)	['halpˑpanˌzjoːn]
pensão (f) completa	Vollpension (f)	['fɔlˑpanˌzjoːn]
com banheira	mit Bad	[mɪt 'baːt]
com duche	mit Dusche	[mɪt 'duːʃə]
televisão (m) satélite	Satellitenfernsehen (n)	[zatɛ'liːtənˌfɛʁnzeːən]
ar (m) condicionado	Klimaanlage (f)	['kliːmaˌʔanlaːɡə]
toalha (f)	Handtuch (n)	['hantˌtuːx]
chave (f)	Schlüssel (m)	['ʃlʏsəl]
administrador (m)	Verwalter (m)	[fɛɐ'valtɐ]
camareira (f)	Zimmermädchen (n)	['tsɪmɐˌmɛːtçən]
bagageiro (m)	Träger (m)	['tʁɛːɡɐ]
porteiro (m)	Portier (m)	[pɔʁ'tɪeː]
restaurante (m)	Restaurant (n)	[ʁɛsto'ʁaŋ]
bar (m)	Bar (f)	[baːɐ]
pequeno-almoço (m)	Frühstück (n)	['fʁyːʃtʏk]
jantar (m)	Abendessen (n)	['aːbəntˌʔɛsən]
buffet (m)	Buffet (n)	[bʏ'feː]
hall (m) de entrada	Foyer (n)	[foa'jeː]
elevador (m)	Aufzug (m), Fahrstuhl (m)	['aʊfˌtsuːk], ['faːɐˌʃtuːl]
NÃO PERTURBE	BITTE NICHT STÖREN!	['bɪtə nɪçt 'ʃtøːʁən]
PROIBIDO FUMAR!	RAUCHEN VERBOTEN!	['ʁaʊxən fɛɐ'boːtən]

22. Turismo

Português	Alemão	Pronúncia
monumento (m)	Denkmal (n)	['dɛŋkˌmaːl]
fortaleza (f)	Festung (f)	['fɛstʊŋ]
palácio (m)	Palast (m)	[pa'last]
castelo (m)	Schloss (n)	[ʃlɔs]
torre (f)	Turm (m)	[tʊʁm]
mausoléu (m)	Mausoleum (n)	[ˌmaʊzo'leːʊm]
arquitetura (f)	Architektur (f)	[aʁçitɛk'tuːɐ]
medieval	mittelalterlich	['mɪtəlˌʔaltɐlɪç]
antigo	alt	[alt]
nacional	national	[natsjo'naːl]
conhecido	berühmt	[bə'ʁyːmt]
turista (m)	Tourist (m)	[tu'ʁɪst]
guia (pessoa)	Fremdenführer (m)	['fʁɛmdənˌfyːʁɐ]
excursão (f)	Ausflug (m)	['aʊsˌfluːk]
mostrar (vt)	zeigen (vt)	['tsaɪɡən]

contar (vt)	erzählen (vt)	[ɛɐ̯'tsɛːlən]
encontrar (vt)	finden (vt)	['fɪndən]
perder-se (vr)	sich verlieren	[zɪç fɛɐ̯'liːbən]
mapa (~ do metrô)	Karte (f)	['kaʁtə]
mapa (~ da cidade)	Karte (f)	['kaʁtə]
lembrança (f), presente (m)	Souvenir (n)	[zuvəˌniːɐ̯]
loja (f) de presentes	Souvenirladen (m)	[zuvəˌniːɐ̯'laːdən]
fotografar (vt)	fotografieren (vt)	[fotoɡʀa'fiːʀən]
fotografar-se	sich fotografieren	[zɪç fotoɡʀa'fiːʀən]

TRANSPORTES

23. Aeroporto

aeroporto (m)	Flughafen (m)	['fluːkˌhaːfən]
avião (m)	Flugzeug (n)	['fluːkˌtsɔɪk]
companhia (f) aérea	Fluggesellschaft (f)	['fluːkɡəˌzɛlʃaft]
controlador (m) de tráfego aéreo	Fluglotse (m)	['fluːkˌloːtsə]

partida (f)	Abflug (m)	['apˌfluːk]
chegada (f)	Ankunft (f)	['ankʊnft]
chegar (~ de avião)	anfliegen (vi)	['anˌfliːɡən]

hora (f) de partida	Abflugzeit (f)	['apfluːkˌtsaɪt]
hora (f) de chegada	Ankunftszeit (f)	['ankʊnftsˌtsaɪt]

estar atrasado	sich verspäten	[zɪç fɛɐ'ʃpɛːtən]
atraso (m) de voo	Abflugverspätung (f)	['apfluːk·fɛɐ'ʃpɛːtʊŋ]

painel (m) de informação	Anzeigetafel (f)	['antsaɪɡəˌtaːfəl]
informação (f)	Information (f)	[ɪnfɔʁma'tsjoːn]
anunciar (vt)	ankündigen (vt)	['ankʏndɪɡən]
voo (m)	Flug (m)	[fluːk]

alfândega (f)	Zollamt (n)	['tsɔlˌʔamt]
funcionário (m) da alfândega	Zollbeamter (m)	['tsɔl·bəˌʔamtɐ]

declaração (f) alfandegária	Zolldeklaration (f)	['tsɔl·deklaʁa'tsjoːn]
preencher (vt)	ausfüllen (vt)	['aʊsˌfʏlən]
preencher a declaração	die Zollerklärung ausfüllen	[di 'tsɔl·ɛɐ'klɛːʁʊŋ 'aʊsˌfʏlən]
controlo (m) de passaportes	Passkontrolle (f)	['pas·kɔnˌtʁɔlə]

bagagem (f)	Gepäck (n)	[ɡə'pɛk]
bagagem (f) de mão	Handgepäck (n)	['hant·ɡəˌpɛk]
carrinho (m)	Kofferkuli (m)	['kɔfeˌkuːli]

aterragem (f)	Landung (f)	['landʊŋ]
pista (f) de aterragem	Landebahn (f)	['landəˌbaːn]
aterrar (vi)	landen (vi)	['landən]
escada (f) de avião	Fluggasttreppe (f)	['fluːkɡastˌtʁɛpə]

check-in (m)	Check-in (n)	[tʃɛk?in]
balcão (m) do check-in	Check-in-Schalter (m)	[tʃɛk?in 'ʃaltɐ]
fazer o check-in	sich registrieren lassen	[zɪç ʁeɡɪs'tʁiːʁən 'lasən]
cartão (m) de embarque	Bordkarte (f)	['bɔʁtˌkaʁtə]
porta (f) de embarque	Abfluggate (n)	['apfluːkˌɡeɪt]

trânsito (m)	Transit (m)	[tʁan'ziːt]
esperar (vi, vt)	warten (vi)	['vaʁtən]

sala (f) de espera	Wartesaal (m)	['vaʁtə‚zaːl]
despedir-se de ...	begleiten (vt)	[bə'glaɪtən]
despedir-se (vr)	sich verabschieden	[zɪç fɛɐ̯'apˌʃiːdən]

24. Avião

avião (m)	Flugzeug (n)	['fluːkˌtsɔɪk]
bilhete (m) de avião	Flugticket (n)	['fluːkˌtɪkət]
companhia (f) aérea	Fluggesellschaft (f)	['fluːkgəˌzɛlʃaft]
aeroporto (m)	Flughafen (m)	['fluːkˌhaːfən]
supersónico	Überschall-	['yːbəˌʃal]
comandante (m) do avião	Flugkapitän (m)	['fluːk·kapiˌtɛːn]
tripulação (f)	Besatzung (f)	[bə'zatsʊŋ]
piloto (m)	Pilot (m)	[pi'loːt]
hospedeira (f) de bordo	Flugbegleiterin (f)	['fluːk·bəˌglaɪtərɪn]
copiloto (m)	Steuermann (m)	['ʃtɔɪɐ̯ˌman]
asas (f pl)	Flügel (pl)	['flyːgəl]
cauda (f)	Schwanz (m)	[ʃvants]
cabine (f) de pilotagem	Kabine (f)	[ka'biːnə]
motor (m)	Motor (m)	['moːtoːɐ̯]
trem (m) de aterragem	Fahrgestell (n)	['faːɐ̯·gəˌʃtɛl]
turbina (f)	Turbine (f)	[tʊʁ'biːnə]
hélice (f)	Propeller (m)	[pʁo'pɛlɐ̯]
caixa-preta (f)	Flugschreiber (m)	['fluːkˌʃʁaɪbɐ]
coluna (f) de controlo	Steuerrad (n)	['ʃtɔɪɐ̯ˌʁaːt]
combustível (m)	Treibstoff (m)	['tʁaɪpˌʃtɔf]
instruções (f pl) de segurança	Sicherheitskarte (f)	['zɪçɐhaɪtsˌkaʁtə]
máscara (f) de oxigénio	Sauerstoffmaske (f)	['zaʊɐʃtɔfˌmaskə]
uniforme (m)	Uniform (f)	['uniˌfɔʁm]
colete (m) salva-vidas	Rettungsweste (f)	['ʁɛtʊŋsˌvɛstə]
paraquedas (m)	Fallschirm (m)	['falʃɪʁm]
descolagem (f)	Abflug, Start (m)	['apˌfluːk], [ʃtaʁt]
descolar (vi)	starten (vi)	['ʃtaʁtən]
pista (f) de descolagem	Startbahn (f)	['ʃtaʁtbaːn]
visibilidade (f)	Sicht (f)	[zɪçt]
voo (m)	Flug (m)	[fluːk]
altura (f)	Höhe (f)	['høːə]
poço (m) de ar	Luftloch (n)	['lʊftˌlɔx]
assento (m)	Platz (m)	[plats]
auscultadores (m pl)	Kopfhörer (m)	['kɔpfˌhøːʁɐ]
mesa (f) rebatível	Klapptisch (m)	['klapˌtɪʃ]
vigia (f)	Bullauge (n)	['bʊlˌʔaʊgə]
passagem (f)	Durchgang (m)	['dʊʁçˌgaŋ]

25. Comboio

comboio (m)	Zug (m)	[tsu:k]
comboio (m) suburbano	elektrischer Zug (m)	[e'lɛktrɪʃe tsu:k]
comboio (m) rápido	Schnellzug (m)	['ʃnɛl.tsu:k]
locomotiva (f) diesel	Diesellok (f)	['di:zəl.lɔk]
comboio (m) a vapor	Dampflok (f)	['dampf.lɔk]
carruagem (f)	Personenwagen (m)	[pɛʁ'zo:nən.va:gən]
carruagem restaurante (f)	Speisewagen (m)	['ʃpaɪzə.va:gən]
carris (m pl)	Schienen (pl)	['ʃi:nən]
caminho de ferro (m)	Eisenbahn (f)	['aɪzən·ba:n]
travessa (f)	Bahnschwelle (f)	['ba:nʃvɛlə]
plataforma (f)	Bahnsteig (m)	['ba:nʃtaɪk]
linha (f)	Gleis (n)	['glaɪs]
semáforo (m)	Eisenbahnsignal (n)	['aɪzənba:n·zɪ'gna:l]
estação (f)	Station (f)	[ʃta'tsjo:n]
maquinista (m)	Lokführer (m)	['lɔk.fy:ʀe]
bagageiro (m)	Träger (m)	['trɛ:ɡɐ]
hospedeiro, -a (da carruagem)	Schaffner (m)	['ʃafnɐ]
passageiro (m)	Fahrgast (m)	['fa:ɐ.gast]
revisor (m)	Kontrolleur (m)	[kɔntro'lø:ɐ]
corredor (m)	Flur (m)	[flu:ɐ]
freio (m) de emergência	Notbremse (f)	['no:t.brɛmzə]
compartimento (m)	Abteil (n)	[ap'taɪl]
cama (f)	Liegeplatz (m), Schlafkoje (f)	['li:gə.plats], ['ʃla:f.ko:jə]
cama (f) de cima	oberer Liegeplatz (m)	['o:bɐɐ 'li:gə.plats]
cama (f) de baixo	unterer Liegeplatz (m)	['ʊntɐɐ 'li:gə.plats]
roupa (f) de cama	Bettwäsche (f)	['bɛt.vɛʃə]
bilhete (m)	Fahrkarte (f)	['fa:ɐ.kaʁtə]
horário (m)	Fahrplan (m)	['fa:ɐ.pla:n]
painel (m) de informação	Anzeigetafel (f)	['antsaɪgə.ta:fəl]
partir (vt)	abfahren (vi)	['ap.fa:ʀən]
partida (f)	Abfahrt (f)	['ap.fa:ɐt]
chegar (vi)	ankommen (vi)	['an.kɔmən]
chegada (f)	Ankunft (f)	['ankʊnft]
chegar de comboio	mit dem Zug kommen	[mɪt dem tsu:k 'kɔmən]
apanhar o comboio	in den Zug einsteigen	[ɪn den tsu:k 'aɪnʃtaɪɡən]
sair do comboio	aus dem Zug aussteigen	['aʊs dem tsu:k 'aʊsʃtaɪɡən]
acidente (m) ferroviário	Zugunglück (n)	['tsu:kʔʊn.ɡlʏk]
descarrilar (vi)	entgleisen (vi)	[ɛnt'glaɪzən]
comboio (m) a vapor	Dampflok (f)	['dampf.lɔk]
fogueiro (m)	Heizer (m)	['haɪtsɐ]
fornalha (f)	Feuerbuchse (f)	['fɔɪɐ.bʊksə]
carvão (m)	Kohle (f)	['ko:lə]

26. Barco

navio (m)	Schiff (n)	[ʃɪf]
embarcação (f)	Fahrzeug (n)	['faːɐˌtsɔɪk]
vapor (m)	Dampfer (m)	['dampfɐ]
navio (m)	Motorschiff (n)	['moːtoːɐˌʃɪf]
transatlântico (m)	Kreuzfahrtschiff (n)	['kRɔɪtsfaːɐtʃɪf]
cruzador (m)	Kreuzer (m)	['kRɔɪtsɐ]
iate (m)	Jacht (f)	[jaχt]
rebocador (m)	Schlepper (m)	['ʃlɛpɐ]
barcaça (f)	Lastkahn (m)	[lastˌkaːn]
ferry (m)	Fähre (f)	['fɛːRə]
veleiro (m)	Segelschiff (n)	['zeːgəlˌʃɪf]
bergantim (m)	Brigantine (f)	[bRigan'tiːnə]
quebra-gelo (m)	Eisbrecher (m)	['aɪsˌbRɛçɐ]
submarino (m)	U-Boot (n)	['uːboːt]
bote, barco (m)	Boot (n)	['boːt]
bote, dingue (m)	Dingi (n)	['dɪŋgi]
bote (m) salva-vidas	Rettungsboot (n)	['Rɛtʊŋsˌboːt]
lancha (f)	Motorboot (n)	['moːtoːɐˌboːt]
capitão (m)	Kapitän (m)	[kapi'tɛn]
marinheiro (m)	Matrose (m)	[ma'tRoːzə]
marujo (m)	Seemann (m)	['zeːman]
tripulação (f)	Besatzung (f)	[bə'zatsʊŋ]
contramestre (m)	Bootsmann (m)	['boːtsman]
grumete (m)	Schiffsjunge (m)	['ʃɪfsˌjʊŋə]
cozinheiro (m) de bordo	Schiffskoch (m)	['ʃɪfsˌkɔx]
médico (m) de bordo	Schiffsarzt (m)	['ʃɪfsˌʔaʁtst]
convés (m)	Deck (n)	[dɛk]
mastro (m)	Mast (m)	[mast]
vela (f)	Segel (n)	[zeːgəl]
porão (m)	Schiffsraum (m)	['ʃɪfsˌRaʊm]
proa (f)	Bug (m)	[buːk]
popa (f)	Heck (n)	[hɛk]
remo (m)	Ruder (n)	['Ruːdɐ]
hélice (f)	Schraube (f)	['ʃRaʊbə]
camarote (m)	Kajüte (f)	[ka'jyːtə]
sala (f) dos oficiais	Messe (f)	['mɛsə]
sala (f) das máquinas	Maschinenraum (m)	[ma'ʃiːnənˌRaʊm]
ponte (m) de comando	Brücke (f)	['bRʏkə]
sala (f) de comunicações	Funkraum (m)	['fʊŋkˌRaʊm]
onda (f) de rádio	Radiowelle (f)	['Raːdioˌvɛlə]
diário (m) de bordo	Schiffstagebuch (n)	['ʃɪfsˑtaːgəbuːχ]
luneta (f)	Fernrohr (n)	['fɛʁnˌRoːɐ]
sino (m)	Glocke (f)	['glɔkə]

bandeira (f)	Fahne (f)	['fa:nə]
cabo (m)	Seil (n)	[zaɪl]
nó (m)	Knoten (m)	['kno:tən]
corrimão (m)	Geländer (n)	[gə'lɛndɐ]
prancha (f) de embarque	Treppe (f)	['tRɛpə]
âncora (f)	Anker (m)	['aŋkɐ]
recolher a âncora	den Anker lichten	[den 'aŋkɐ 'lɪçtən]
lançar a âncora	Anker werfen	['aŋkɐ ˌvɛʁfən]
amarra (f)	Ankerkette (f)	['ankɐˌkɛtə]
porto (m)	Hafen (m)	['ha:fən]
cais, amarradouro (m)	Anlegestelle (f)	['anle:gəˌʃtɛlə]
atracar (vi)	anlegen (vi)	['anˌle:gən]
desatracar (vi)	abstoßen (vt)	['apʃto:sən]
viagem (f)	Reise (f)	['Raɪzə]
cruzeiro (m)	Kreuzfahrt (f)	['kRɔɪtsˌfa:ɐt]
rumo (m), rota (f)	Kurs (m)	[kuʁs]
itinerário (m)	Reiseroute (f)	['RaɪzəˌRu:tə]
canal (m) navegável	Fahrwasser (n)	['fa:ɐˌvasɐ]
baixio (m)	Untiefe (f)	['ʊnˌti:fə]
encalhar (vt)	stranden (vi)	['ʃtRandən]
tempestade (f)	Sturm (m)	[ʃtʊʁm]
sinal (m)	Signal (n)	[zɪ'gna:l]
afundar-se (vr)	untergehen (vi)	['ʊntɐˌge:ən]
Homem ao mar!	Mann über Bord!	[man 'y:bɐ bɔʁt]
SOS	SOS	[ɛso:'ʔɛs]
boia (f) salva-vidas	Rettungsring (m)	['RɛtʊŋsˌRɪŋ]

CIDADE

27. Transportes urbanos

autocarro (m)	Bus (m)	[bʊs]
elétrico (m)	Straßenbahn (f)	[ˈʃtʀaːsənˌbaːn]
troleicarro (m)	Obus (m)	[ˈoːbʊs]
itinerário (m)	Linie (f)	[ˈliːniə]
número (m)	Nummer (f)	[ˈnʊmɐ]

ir de ... (carro, etc.)	mit ... fahren	[mɪt ... ˈfaːʀən]
entrar (~ no autocarro)	einsteigen (vi)	[ˈaɪnˌʃtaɪɡən]
descer de ...	aussteigen (vi)	[ˈaʊsˌʃtaɪɡən]

paragem (f)	Haltestelle (f)	[ˈhaltəˌʃtɛlə]
próxima paragem (f)	nächste Haltestelle (f)	[ˈnɛːçstə ˈhaltəˌʃtɛlə]
ponto (m) final	Endhaltestelle (f)	[ˈɛntˌhaltəʃtɛlə]
horário (m)	Fahrplan (m)	[ˈfaːɐ̯ˌplaːn]
esperar (vt)	warten (vi, vt)	[ˈvaʁtən]

bilhete (m)	Fahrkarte (f)	[ˈfaːɐ̯ˌkaʁtə]
custo (m) do bilhete	Fahrpreis (m)	[ˈfaːɐ̯ˌpʀaɪs]

bilheteiro (m)	Kassierer (m)	[kaˈsiːʀɐ]
controlo (m) dos bilhetes	Fahrkartenkontrolle (f)	[ˈfaːɐ̯ˌkaʁtənˈkɔnˈtʀɔlə]
revisor (m)	Kontrolleur (m)	[kɔntʀɔˈløːɐ]

atrasar-se (vr)	sich verspäten	[zɪç fɛɐ̯ˈʃpɛːtən]
perder (o autocarro, etc.)	versäumen (vt)	[fɛɐ̯ˈzɔɪmən]
estar com pressa	sich beeilen	[zɪç bəˈʔaɪlən]

táxi (m)	Taxi (n)	[ˈtaksi]
taxista (m)	Taxifahrer (m)	[ˈtaksiˌfaːʀɐ]
de táxi (ir ~)	mit dem Taxi	[mɪt dem ˈtaksi]
praça (f) de táxis	Taxistand (m)	[ˈtaksiˌʃtant]
chamar um táxi	ein Taxi rufen	[aɪn ˈtaksi ˈʀuːfən]
apanhar um táxi	ein Taxi nehmen	[aɪn ˈtaksi ˈneːmən]

tráfego (m)	Straßenverkehr (m)	[ˈʃtʀaːsənˌfɛɐ̯ˌkeːɐ̯]
engarrafamento (m)	Stau (m)	[ʃtaʊ]
horas (f pl) de ponta	Hauptverkehrszeit (f)	[ˈhaʊptˌfɛɐ̯ˈkeːɐ̯sˌtsaɪt]
estacionar (vi)	parken (vi)	[ˈpaʁkən]
estacionar (vt)	parken (vt)	[ˈpaʁkən]
parque (m) de estacionamento	Parkplatz (m)	[ˈpaʁkˌplats]

metro (m)	U-Bahn (f)	[ˈuːbaːn]
estação (f)	Station (f)	[ʃtaˈtsjoːn]
ir de metro	mit der U-Bahn fahren	[mɪt deːɐ̯ ˈuːbaːn ˈfaːʀən]
comboio (m)	Zug (m)	[tsuːk]
estação (f)	Bahnhof (m)	[ˈbaːnˌhoːf]

28. Cidade. Vida na cidade

cidade (f)	Stadt (f)	[ʃtat]
capital (f)	Hauptstadt (f)	['haʊptˌʃtat]
aldeia (f)	Dorf (n)	[dɔʁf]
mapa (m) da cidade	Stadtplan (m)	['ʃtatˌplaːn]
centro (m) da cidade	Stadtzentrum (n)	['ʃtatˌtsɛntʀʊm]
subúrbio (m)	Vorort (m)	['foːɐˌʔɔʁt]
suburbano	Vorort-	['foːɐˌʔɔʁt]
periferia (f)	Stadtrand (m)	['ʃtatˌʀant]
arredores (m pl)	Umgebung (f)	[ʊm'geːbʊŋ]
quarteirão (m)	Stadtviertel (n)	['ʃtatˌfɪʁtəl]
quarteirão (m) residencial	Wohnblock (m)	['voːnˌblɔk]
tráfego (m)	Straßenverkehr (m)	['ʃtʀaːsənˌfɛɐˌkeːɐ]
semáforo (m)	Ampel (f)	['ampəl]
transporte (m) público	Stadtverkehr (m)	['ʃtatˌfɛɐˈkeːɐ]
cruzamento (m)	Straßenkreuzung (f)	['ʃtʀaːsənˌkʀɔɪtsʊŋ]
passadeira (f)	Übergang (m)	['yːbɐˌgaŋ]
passagem (f) subterrânea	Fußgängerunterführung (f)	['fuːsˌgɛŋɐˈʊntɐˈfyːʀʊŋ]
cruzar, atravessar (vt)	überqueren (vt)	[yːbɐ'kveːʀən]
peão (m)	Fußgänger (m)	['fuːsˌgɛŋɐ]
passeio (m)	Gehweg (m)	['geːˌveːk]
ponte (f)	Brücke (f)	['bʀʏkə]
margem (f) do rio	Kai (m)	[kaɪ]
fonte (f)	Springbrunnen (m)	['ʃpʀɪŋˌbʀʊnən]
alameda (f)	Allee (f)	[a'leː]
parque (m)	Park (m)	[paʁk]
bulevar (m)	Boulevard (m)	[bulə'vaːɐ]
praça (f)	Platz (m)	[plats]
avenida (f)	Avenue (f)	[avə'nyː]
rua (f)	Straße (f)	['ʃtʀaːsə]
travessa (f)	Gasse (f)	['gasə]
beco (m) sem saída	Sackgasse (f)	['zakˌgasə]
casa (f)	Haus (n)	[haʊs]
edifício, prédio (m)	Gebäude (n)	[gə'bɔɪdə]
arranha-céus (m)	Wolkenkratzer (m)	['vɔlkənˌkʀatsɐ]
fachada (f)	Fassade (f)	[fa'saːdə]
telhado (m)	Dach (n)	[dax]
janela (f)	Fenster (n)	['fɛnstɐ]
arco (m)	Bogen (m)	['boːgən]
coluna (f)	Säule (f)	['zɔɪlə]
esquina (f)	Ecke (f)	['ɛkə]
montra (f)	Schaufenster (n)	['ʃaʊˌfɛnstɐ]
letreiro (m)	Firmenschild (n)	['fɪʁmənˌʃɪlt]
cartaz (m)	Anschlag (m)	['anˌʃlaːk]
cartaz (m) publicitário	Werbeposter (m)	['vɛʁbəˌpoːstɐ]

painel (m) publicitário	Werbeschild (n)	['vɛʁbəʃɪlt]
lixo (m)	Müll (m)	[mʏl]
cesta (f) do lixo	Mülleimer (m)	['mʏlˌʔaɪmɐ]
jogar lixo na rua	Abfall wegwerfen	['apfal 'vɛkˌvɛʁfən]
aterro (m) sanitário	Mülldeponie (f)	['mʏl·depoˌniː]
cabine (f) telefónica	Telefonzelle (f)	[tele'foːnˌtsɛlə]
candeeiro (m) de rua	Straßenlaterne (f)	['ʃtʀaːsən·laˌtɛʁnə]
banco (m)	Bank (f)	[baŋk]
polícia (m)	Polizist (m)	[poli'tsɪst]
polícia (instituição)	Polizei (f)	[ˌpoli'tsaɪ]
mendigo (m)	Bettler (m)	['bɛtlɐ]
sem-abrigo (m)	Obdachlose (m)	['ɔpdaxˌloːzə]

29. Instituições urbanas

loja (f)	Laden (m)	['laːdən]
farmácia (f)	Apotheke (f)	[apo'teːkə]
ótica (f)	Optik (f)	['ɔptɪk]
centro (m) comercial	Einkaufszentrum (n)	['aɪnkaʊfsˌtsɛntʀʊm]
supermercado (m)	Supermarkt (m)	['zuːpɐˌmaʁkt]
padaria (f)	Bäckerei (f)	[ˌbɛkə'ʀaɪ]
padeiro (m)	Bäcker (m)	['bɛkɐ]
pastelaria (f)	Konditorei (f)	[ˌkɔndito'ʀaɪ]
mercearia (f)	Lebensmittelladen (m)	['leːbənsˌmɪtəl·laːdən]
talho (m)	Metzgerei (f)	[mɛtsgə'ʀaɪ]
loja (f) de legumes	Gemüseladen (m)	[gə'myːzəˌlaːdən]
mercado (m)	Markt (m)	[maʁkt]
café (m)	Kaffeehaus (n)	[ka'feːˌhaʊs]
restaurante (m)	Restaurant (n)	[ʀɛsto'ʀaŋ]
bar (m), cervejaria (f)	Bierstube (f)	['biːɐʃtuːbə]
pizzaria (f)	Pizzeria (f)	[pɪtse'ʀiːa]
salão (m) de cabeleireiro	Friseursalon (m)	[fʀi'zøːɐ·zaˌlɔŋ]
correios (m pl)	Post (f)	[pɔst]
lavandaria (f)	chemische Reinigung (f)	[çeːmiʃə 'ʀaɪnɪgʊŋ]
estúdio (m) fotográfico	Fotostudio (n)	['fotoʃtuːdɪo]
sapataria (f)	Schuhgeschäft (n)	['ʃuːgəʃɛft]
livraria (f)	Buchhandlung (f)	['buːxˌhandlʊŋ]
loja (f) de artigos de desporto	Sportgeschäft (n)	['ʃpɔʁt·gəʃɛft]
reparação (f) de roupa	Kleiderreparatur (f)	['klaɪdɐˌʀepaʀa'tuːɐ]
aluguer (m) de roupa	Bekleidungsverleih (m)	[bə'klaɪdʊŋs·fɛɐ'laɪ]
aluguer (m) de filmes	Videothek (f)	[video'teːk]
circo (m)	Zirkus (m)	['tsɪʁkʊs]
jardim (m) zoológico	Zoo (m)	['tsoː]
cinema (m)	Kino (n)	['kiːno]
museu (m)	Museum (n)	[mu'zeːʊm]

biblioteca (f)	Bibliothek (f)	[biblio'te:k]
teatro (m)	Theater (n)	[te'a:tɐ]
ópera (f)	Opernhaus (n)	['o:pɐn‚haʊs]
clube (m) noturno	Nachtklub (m)	['naxt‚klʊp]
casino (m)	Kasino (n)	[ka'zi:no]

mesquita (f)	Moschee (f)	[mɔ'ʃe:]
sinagoga (f)	Synagoge (f)	[zyna'go:gə]
catedral (f)	Kathedrale (f)	[kate'dʀa:lə]
templo (m)	Tempel (m)	['tɛmpəl]
igreja (f)	Kirche (f)	['kɪʀçə]

instituto (m)	Institut (n)	[ɪnsti'tu:t]
universidade (f)	Universität (f)	[univɛʀzi'tɛ:t]
escola (f)	Schule (f)	['ʃu:lə]

prefeitura (f)	Präfektur (f)	[pʀɛfɛk'tu:ɐ]
câmara (f) municipal	Rathaus (n)	['ʀa:t‚haʊs]
hotel (m)	Hotel (n)	[ho'tɛl]
banco (m)	Bank (f)	[baŋk]

embaixada (f)	Botschaft (f)	['bo:tʃaft]
agência (f) de viagens	Reisebüro (n)	['ʀaɪzə·by‚ʀo:]
agência (f) de informações	Informationsbüro (n)	[ɪnfɔʀma'tsjo:ns·by‚ʀo:]
casa (f) de câmbio	Wechselstube (f)	['vɛksəlʃtu:bə]

metro (m)	U-Bahn (f)	['u:ba:n]
hospital (m)	Krankenhaus (n)	['kʀaŋkən‚haʊs]

posto (m) de gasolina	Tankstelle (f)	['taŋkʃtɛlə]
parque (m) de estacionamento	Parkplatz (m)	['paʀk‚plats]

30. Sinais

letreiro (m)	Firmenschild (n)	['fɪʀmənʃɪlt]
inscrição (f)	Aufschrift (f)	['aʊfʃʀɪft]
cartaz, póster (m)	Plakat (n)	[pla'ka:t]
sinal (m) informativo	Wegweiser (m)	['vɛk‚vaɪzɐ]
seta (f)	Pfeil (m)	[pfaɪl]

aviso (advertência)	Vorsicht (f)	['fo:ɐ‚zɪçt]
sinal (m) de aviso	Warnung (f)	['vaʀnʊŋ]
avisar, advertir (vt)	warnen (vt)	['vaʀnən]

dia (m) de folga	freier Tag (m)	['fʀaɪɐ ta:k]
horário (m)	Fahrplan (m)	['fa:ɐ‚pla:n]
horário (m) de funcionamento	Öffnungszeiten (pl)	['œfnʊŋs‚tsaɪtən]

BEM-VINDOS!	HERZLICH WILLKOMMEN!	['hɛʀtslɪç vɪl'komən]
ENTRADA	EINGANG	['aɪn‚gaŋ]
SAÍDA	AUSGANG	['aʊs‚gaŋ]

EMPURRE	DRÜCKEN	['dʀʏkən]
PUXE	ZIEHEN	['tsi:ən]

ABERTO	GEÖFFNET	[gə'ʔœfnət]
FECHADO	GESCHLOSSEN	[gə'ʃlɔsən]
MULHER	DAMEN, FRAUEN	['da:mən], ['fʀaʊən]
HOMEM	HERREN, MÄNNER	['hɛʀən], ['mɛnɐ]
DESCONTOS	AUSVERKAUF	['aʊsfɛɐˌkaʊf]
SALDOS	REDUZIERT	[ʀedu'tsi:ɐt]
NOVIDADE!	NEU!	[nɔɪ]
GRÁTIS	GRATIS	['gʀa:tɪs]
ATENÇÃO!	ACHTUNG!	['aχtʊŋ]
NÃO HÁ VAGAS	ZIMMER BELEGT	['tsɪmɐ bə'le:kt]
RESERVADO	RESERVIERT	[ʀezɛʀ'vi:ɐt]
ADMINISTRAÇÃO	VERWALTUNG	[fɛɐ'valtʊŋ]
SOMENTE PESSOAL AUTORIZADO	NUR FÜR PERSONAL	[nu:ɐ fy:ɐ pɛʀzo'na:l]
CUIDADO CÃO FEROZ	VORSICHT BISSIGER HUND	['fo:ɐˌzɪçt 'bɪsɪgɐ hʊnt]
PROIBIDO FUMAR!	RAUCHEN VERBOTEN!	['ʀaʊχən fɛɐ'bo:tən]
NÃO TOCAR	BITTE NICHT BERÜHREN	['bɪtə nɪçt bə'ʀy:ʀən]
PERIGOSO	GEFÄHRLICH	[gə'fɛ:ɐlɪç]
PERIGO	VORSICHT!	['fo:ɐˌzɪçt]
ALTA TENSÃO	HOCHSPANNUNG	['ho:χˌʃpanʊŋ]
PROIBIDO NADAR	BADEN VERBOTEN	['ba:dən fɛɐ'bo:tən]
AVARIADO	AUßER BETRIEB	[ˌaʊsɐ bə'tʀi:p]
INFLAMÁVEL	LEICHTENTZÜNDLICH	['laɪçt?ɛn'tsʏntlɪç]
PROIBIDO	VERBOTEN	[fɛɐ'bo:tən]
ENTRADA PROIBIDA	DURCHGANG VERBOTEN	['dʊʀçˌgaŋ fɛɐ'bo:tən]
CUIDADO TINTA FRESCA	FRISCH GESTRICHEN	[fʀɪʃ gə'ʃtʀɪçən]

31. Compras

comprar (vt)	kaufen (vt)	['kaʊfən]
compra (f)	Einkauf (m)	['aɪnˌkaʊf]
fazer compras	einkaufen gehen	['aɪnˌkaʊfən 'ge:ən]
compras (f pl)	Einkaufen (n)	['aɪnˌkaʊfən]
estar aberta (loja, etc.)	offen sein	['ɔfən zaɪn]
estar fechada	zu sein	[tsu zaɪn]
calçado (m)	Schuhe (pl)	['ʃu:ə]
roupa (f)	Kleidung (f)	['klaɪdʊŋ]
cosméticos (m pl)	Kosmetik (f)	[kɔs'me:tɪk]
alimentos (m pl)	Lebensmittel (pl)	['le:bənsˌmɪtəl]
presente (m)	Geschenk (n)	[gə'ʃɛŋk]
vendedor (m)	Verkäufer (m)	[fɛɐ'kɔɪfɐ]
vendedora (f)	Verkäuferin (f)	[fɛɐ'kɔɪfəʀɪn]
caixa (f)	Kasse (f)	['kasə]

espelho (m)	Spiegel (m)	[ˈʃpiːgəl]
balcão (m)	Ladentisch (m)	[ˈlaːdənˌtɪʃ]
cabine (f) de provas	Umkleidekabine (f)	[ˈʊmklaɪdə-kaˌbiːnə]

provar (vt)	anprobieren (vt)	[ˈanpʀoˌbiːʀən]
servir (vi)	passen (vi)	[ˈpasən]
gostar (apreciar)	gefallen (vi)	[gəˈfalən]

preço (m)	Preis (m)	[pʀaɪs]
etiqueta (f) de preço	Preisschild (n)	[ˈpʀaɪsˌʃɪlt]
custar (vt)	kosten (vt)	[ˈkɔstən]
Quanto?	Wie viel?	[ˈviː fiːl]
desconto (m)	Rabatt (m)	[ʀaˈbat]

não caro	preiswert	[ˈpʀaɪsˌveːɐt]
barato	billig	[ˈbɪlɪç]
caro	teuer	[ˈtɔɪɐ]
É caro	Das ist teuer	[das is ˈtɔɪɐ]

aluguer (m)	Verleih (m)	[fɛɐˈlaɪ]
alugar (vestidos, etc.)	ausleihen (vt)	[ˈaʊsˌlaɪən]
crédito (m)	Kredit (m), Darlehen (n)	[kʀeˈdiːt], [ˈdaʁˌleːən]
a crédito	auf Kredit	[aʊf kʀeˈdiːt]

VESTUÁRIO & ACESSÓRIOS

32. Roupa exterior. Casacos

roupa (f)	Kleidung (f)	['klaɪdʊŋ]
roupa (f) exterior	Oberkleidung (f)	['oːbɐˌklaɪdʊŋ]
roupa (f) de inverno	Winterkleidung (f)	['vɪntɐˌklaɪdʊŋ]
sobretudo (m)	Mantel (m)	['mantəl]
casaco (m) de peles	Pelzmantel (m)	['pɛltsˌmantəl]
casaco curto (m) de peles	Pelzjacke (f)	['pɛltsˌjakə]
casaco (m) acolchoado	Daunenjacke (f)	['daʊnənˌjakə]
casaco, blusão (m)	Jacke (f)	['jakə]
impermeável (m)	Regenmantel (m)	['ʀeːgənˌmantəl]
impermeável	wasserdicht	['vasɐˌdɪçt]

33. Vestuário de homem & mulher

camisa (f)	Hemd (n)	[hɛmt]
calças (f pl)	Hose (f)	['hoːzə]
calças (f pl) de ganga	Jeans (f)	[dʒiːns]
casaco (m) de fato	Jackett (n)	[ʒa'kɛt]
fato (m)	Anzug (m)	['anˌtsuːk]
vestido (ex. ~ vermelho)	Kleid (n)	[klaɪt]
saia (f)	Rock (m)	[ʀɔk]
blusa (f)	Bluse (f)	['bluːzə]
casaco (m) de malha	Strickjacke (f)	['ʃtʀɪkˌjakə]
casaco, blazer (m)	Jacke (f)	['jakə]
T-shirt, camiseta (f)	T-Shirt (n)	['tiːʃøːɐt]
calções (Bermudas, etc.)	Shorts (pl)	[ʃɐts]
fato (m) de treino	Sportanzug (m)	['ʃpɔʀtˌantsuːk]
roupão (m) de banho	Bademantel (m)	['baːdəˌmantəl]
pijama (m)	Schlafanzug (m)	['ʃlaːfʔanˌtsuːk]
suéter (m)	Sweater (m)	['swɛtɐ]
pulôver (m)	Pullover (m)	[pʊ'loːvɐ]
colete (m)	Weste (f)	['vɛstə]
fraque (m)	Frack (m)	[fʀak]
smoking (m)	Smoking (m)	['smoːkɪŋ]
uniforme (m)	Uniform (f)	['ʊniˌfɔʀm]
roupa (f) de trabalho	Arbeitskleidung (f)	['aʀbaɪtsˌklaɪdʊŋ]
fato-macaco (m)	Overall (m)	['oːvəʀal]
bata (~ branca, etc.)	Kittel (m)	['kɪtəl]

34. Vestuário. Roupa interior

roupa (f) interior	Unterwäsche (f)	['ʊntɐˌvɛʃə]
cuecas boxer (f pl)	Herrenslip (m)	['hɛʀənˌslɪp]
cuecas (f pl)	Damenslip (m)	['da:mənˌslɪp]
camisola (f) interior	Unterhemd (n)	['ʊntɐˌhɛmt]
peúgas (f pl)	Socken (pl)	['zɔkən]
camisa (f) de noite	Nachthemd (n)	['naχtˌhɛmt]
sutiã (m)	Büstenhalter (m)	['bystənˌhaltɐ]
meias longas (f pl)	Kniestrümpfe (pl)	['kni:ˌʃtʀʏmpfə]
meias-calças (f pl)	Strumpfhose (f)	['ʃtʀʊmpfˌho:zə]
meias (f pl)	Strümpfe (pl)	['ʃtʀʏmpfə]
fato (m) de banho	Badeanzug (m)	['ba:dəˌʔantsu:k]

35. Adereços de cabeça

chapéu (m)	Mütze (f)	['mʏtsə]
chapéu (m) de feltro	Filzhut (m)	['fɪltsˌhu:t]
boné (m) de beisebol	Baseballkappe (f)	['bɛɪsbɔːlˌkapə]
boné (m)	Schiebermütze (f)	['ʃi:bɐˌmʏtsə]
boina (f)	Baskenmütze (f)	['baskənˌmʏtsə]
capuz (m)	Kapuze (f)	[ka'pu:tsə]
panamá (m)	Panamahut (m)	['panama:ˌhu:t]
gorro (m) de malha	Strickmütze (f)	['ʃtʀɪkˌmʏtsə]
lenço (m)	Kopftuch (n)	['kɔpfˌtu:χ]
chapéu (m) de mulher	Damenhut (m)	['da:mənˌhu:t]
capacete (m) de proteção	Schutzhelm (m)	['ʃʊtsˌhɛlm]
bivaque (m)	Feldmütze (f)	['fɛltˌmʏtsə]
capacete (m)	Helm (m)	[hɛlm]
chapéu-coco (m)	Melone (f)	[me'lo:nə]
chapéu (m) alto	Zylinder (m)	[tsy'lɪndɐ]

36. Calçado

calçado (m)	Schuhe (pl)	['ʃu:ə]
botinas (f pl)	Stiefeletten (pl)	[ʃti:fə'lɛtən]
sapatos (de salto alto, etc.)	Halbschuhe (pl)	['halpʃu:ə]
botas (f pl)	Stiefel (pl)	['ʃti:fəl]
pantufas (f pl)	Hausschuhe (pl)	['haʊsʃu:ə]
ténis (m pl)	Tennisschuhe (pl)	['tɛnɪsʃu:ə]
sapatilhas (f pl)	Leinenschuhe (pl)	['laɪnən·ʃu:ə]
sandálias (f pl)	Sandalen (pl)	[zan'da:lən]
sapateiro (m)	Schuster (m)	['ʃu:stɐ]
salto (m)	Absatz (m)	['apˌzats]

par (m)	Paar (n)	[paːɐ̯]
atacador (m)	Schnürsenkel (m)	[ˈʃnyːɐ̯ˌzɛŋkəl]
apertar os atacadores	schnüren (vt)	[ˈʃnyːʀən]
calçadeira (f)	Schuhlöffel (m)	[ˈʃuːˌlœfəl]
graxa (f) para calçado	Schuhcreme (f)	[ˈʃuːˌkʀɛːm]

37. Acessórios pessoais

luvas (f pl)	Handschuhe (pl)	[ˈhantʃuːə]
mitenes (f pl)	Fausthandschuhe (pl)	[ˈfaʊst·hantʃuːə]
cachecol (m)	Schal (m)	[ʃaːl]

óculos (m pl)	Brille (f)	[ˈbʀɪlə]
armação (f) de óculos	Brillengestell (n)	[ˈbʀɪlən·ɡəˈʃtɛl]
guarda-chuva (m)	Regenschirm (m)	[ˈʀeːɡənˌʃɪʀm]
bengala (f)	Spazierstock (m)	[ʃpaˈtsiːɐ̯ˌʃtɔk]
escova (f) para o cabelo	Haarbürste (f)	[ˈhaːɐ̯ˌbʏʀstə]
leque (m)	Fächer (m)	[ˈfɛçɐ]

gravata (f)	Krawatte (f)	[kʀaˈvatə]
gravata-borboleta (f)	Fliege (f)	[ˈfliːɡə]
suspensórios (m pl)	Hosenträger (pl)	[ˈhoːzənˌtʀɛːɡɐ]
lenço (m)	Taschentuch (n)	[ˈtaʃənˌtuːx]

pente (m)	Kamm (m)	[kam]
travessão (m)	Haarspange (f)	[ˈhaːɐ̯ʃpaŋə]
gancho (m) de cabelo	Haarnadel (f)	[ˈhaːɐ̯ˌnaːdəl]
fivela (f)	Schnalle (f)	[ˈʃnalə]

cinto (m)	Gürtel (m)	[ˈɡʏʀtəl]
correia (f)	Umhängegurt (m)	[ˈʊmhɛŋəˌɡʊʀt]

mala (f)	Tasche (f)	[ˈtaʃə]
mala (f) de senhora	Handtasche (f)	[ˈhantˌtaʃə]
mochila (f)	Rucksack (m)	[ˈʀʊkˌzak]

38. Vestuário. Diversos

moda (f)	Mode (f)	[ˈmoːdə]
na moda	modisch	[ˈmoːdɪʃ]
estilista (m)	Modedesigner (m)	[ˈmoːdə·diˈzaɪnɐ]

colarinho (m), gola (f)	Kragen (m)	[ˈkʀaːɡən]
bolso (m)	Tasche (f)	[ˈtaʃə]
de bolso	Taschen-	[ˈtaʃən]
manga (f)	Ärmel (f)	[ˈɛʀməl]
presilha (f)	Aufhänger (m)	[ˈaʊfˌhɛŋɐ]
braguilha (f)	Hosenschlitz (m)	[ˈhoːzənʃlɪts]

fecho (m) de correr	Reißverschluss (m)	[ˈʀaɪsˌfɛɐ̯ʃlʊs]
fecho (m), colchete (m)	Verschluss (m)	[fɛɐ̯ˈʃlʊs]
botão (m)	Knopf (m)	[knɔpf]

| casa (f) de botão | Knopfloch (n) | ['knɔpfˌlɔx] |
| saltar (vi) (botão, etc.) | abgehen (vi) | ['apˌgeːən] |

coser, costurar (vi)	nähen (vi, vt)	['nɛːən]
bordar (vt)	sticken (vt)	['ʃtɪkən]
bordado (m)	Stickerei (f)	[ʃtɪkə'ʀaɪ]
agulha (f)	Nadel (f)	['naːdəl]
fio (m)	Faden (m)	['faːdən]
costura (f)	Naht (f)	[naːt]

sujar-se (vr)	sich beschmutzen	[zɪç bə'ʃmʊtsən]
mancha (f)	Fleck (m)	[flɛk]
engelhar-se (vr)	sich knittern	[zɪç 'knɪtɐn]
rasgar (vt)	zerreißen (vt)	[tsɛɐ'ʀaɪsən]
traça (f)	Motte (f)	['mɔtə]

39. Cuidados pessoais. Cosméticos

pasta (f) de dentes	Zahnpasta (f)	['tsaːnˌpasta]
escova (f) de dentes	Zahnbürste (f)	['tsaːnˌbʏʁstə]
escovar os dentes	Zähne putzen	['tsɛːnə 'pʊtsən]

máquina (f) de barbear	Rasierer (m)	[ʀa'ziːʀɐ]
creme (m) de barbear	Rasiercreme (f)	[ʀa'ziːɐˌkʀɛːm]
barbear-se (vr)	sich rasieren	[zɪç ʀa'ziːʀən]

| sabonete (m) | Seife (f) | ['zaɪfə] |
| champô (m) | Shampoo (n) | ['ʃampu] |

tesoura (f)	Schere (f)	['ʃeːʀə]
lima (f) de unhas	Nagelfeile (f)	['naːgəlˌfaɪlə]
corta-unhas (m)	Nagelzange (f)	['naːgəlˌtsaŋə]
pinça (f)	Pinzette (f)	[pɪn'tsɛtə]

cosméticos (m pl)	Kosmetik (f)	[kɔs'meːtɪk]
máscara (f) facial	Gesichtsmaske (f)	[gə'zɪçtsˌmaskə]
manicura (f)	Maniküre (f)	[mani'kyːʀə]
fazer a manicura	Maniküre machen	[mani'kyːʀə 'maxən]
pedicure (f)	Pediküre (f)	[pedi'kyːʀə]

mala (f) de maquilhagem	Kosmetiktasche (f)	[kɔs'meːtɪkˌtaʃə]
pó (m)	Puder (m)	['puːdɐ]
caixa (f) de pó	Puderdose (f)	['puːdɐˌdoːzə]
blush (m)	Rouge (n)	[ʀuːʒ]

perfume (m)	Parfüm (n)	[paʁ'fyːm]
água (f) de toilette	Duftwasser (n)	['dʊftˌvasɐ]
loção (f)	Lotion (f)	[lo'tsjoːn]
água-de-colónia (f)	Kölnischwasser (n)	['kœlnɪʃˌvasɐ]

sombra (f) de olhos	Lidschatten (m)	['liːtʃatən]
lápis (m) delineador	Kajalstift (m)	[ka'jaːlˌʃtɪft]
máscara (f), rímel (m)	Wimperntusche (f)	['vɪmpɐnˌtʊʃə]
batom (m)	Lippenstift (m)	['lɪpənˌʃtɪft]

verniz (m) de unhas	Nagellack (m)	['na:gəlˌlak]
laca (f) para cabelos	Haarlack (m)	['ha:ɐˌlak]
desodorizante (m)	Deodorant (n)	[deodo'ʀant]
creme (m)	Creme (f)	[kʀɛ:m]
creme (m) de rosto	Gesichtscreme (f)	[gə'zɪçtsˌkʀɛ:m]
creme (m) de mãos	Handcreme (f)	['hantˌkʀɛ:m]
creme (m) antirrugas	Anti-Falten-Creme (f)	[ˌanti'faltən·kʀɛ:m]
creme (m) de dia	Tagescreme (f)	['ta:gəsˌkʀɛ:m]
creme (m) de noite	Nachtcreme (f)	['naχtˌkʀɛ:m]
de dia	Tages-	['ta:gəs]
da noite	Nacht-	[naχt]
tampão (m)	Tampon (m)	['tampo:n]
papel (m) higiénico	Toilettenpapier (n)	[toa'lɛtən·paˌpi:ɐ]
secador (m) elétrico	Föhn (m)	['fø:n]

40. Relógios de pulso. Relógios

relógio (m) de pulso	Armbanduhr (f)	['aʁmbantˌʔu:ɐ]
mostrador (m)	Zifferblatt (n)	['tsɪfɐˌblat]
ponteiro (m)	Zeiger (m)	['tsaɪgɐ]
bracelete (f) em aço	Metallarmband (n)	[me'talˌʔaʁmbant]
bracelete (f) em pele	Uhrenarmband (n)	['u:ʀənˌʔaʁmbant]
pilha (f)	Batterie (f)	[batə'ʀi:]
descarregar-se	verbraucht sein	[fɛɐ'bʀaʊχt zaɪn]
trocar a pilha	die Batterie wechseln	[di batə'ʀi: 'vɛksəln]
estar adiantado	vorgehen (vi)	['fo:ɐˌge:ən]
estar atrasado	nachgehen (vi)	['na:χˌge:ən]
relógio (m) de parede	Wanduhr (f)	['vantˌʔu:ɐ]
ampulheta (f)	Sanduhr (f)	['zantˌʔu:ɐ]
relógio (m) de sol	Sonnenuhr (f)	['zɔnənˌʔu:ɐ]
despertador (m)	Wecker (m)	['vɛkɐ]
relojoeiro (m)	Uhrmacher (m)	['u:ɐˌmaχɐ]
reparar (vt)	reparieren (vt)	[ʀepa'ʀi:ʀən]

EXPERIÊNCIA DO QUOTIDIANO

41. Dinheiro

dinheiro (m)	Geld (n)	[gɛlt]
câmbio (m)	Austausch (m)	[ˈaʊsˌtaʊʃ]
taxa (f) de câmbio	Kurs (m)	[kʊʁs]
Caixa Multibanco (m)	Geldautomat (m)	[ˈgɛltʔaʊtoˌmaːt]
moeda (f)	Münze (f)	[ˈmʏntsə]
dólar (m)	Dollar (m)	[ˈdɔlaʁ]
euro (m)	Euro (m)	[ˈɔɪʀo]
lira (f)	Lira (f)	[ˈliːʀa]
marco (m)	Mark (f)	[maʁk]
franco (m)	Franken (m)	[ˈfʀaŋkən]
libra (f) esterlina	Pfund Sterling (n)	[pfʊnt ˈʃtɛʁlɪŋ]
iene (m)	Yen (m)	[jɛn]
dívida (f)	Schulden (pl)	[ˈʃʊldən]
devedor (m)	Schuldner (m)	[ˈʃʊldnɐ]
emprestar (vt)	leihen (vt)	[ˈlaɪən]
pedir emprestado	ausleihen (vt)	[ˈaʊsˌlaɪən]
banco (m)	Bank (f)	[baŋk]
conta (f)	Konto (n)	[ˈkɔnto]
depositar (vt)	einzahlen (vt)	[ˈaɪnˌtsaːlən]
depositar na conta	auf ein Konto einzahlen	[aʊf aɪn ˈkɔnto ˈaɪnˌtsaːlən]
levantar (vt)	abheben (vt)	[ˈapˌheːbən]
cartão (m) de crédito	Kreditkarte (f)	[kʀeˈdiːtˌkaʁtə]
dinheiro (m) vivo	Bargeld (n)	[ˈbaːɐ̯ˌgɛlt]
cheque (m)	Scheck (m)	[ʃɛk]
passar um cheque	einen Scheck schreiben	[ˈaɪnən ʃɛk ˈʃʀaɪbn]
livro (m) de cheques	Scheckbuch (n)	[ˈʃɛkˌbuːx]
carteira (f)	Geldtasche (f)	[ˈgɛltˌtaʃə]
porta-moedas (m)	Geldbeutel (m)	[ˈgɛltˌbɔɪtəl]
cofre (m)	Safe (m)	[sɛɪf]
herdeiro (m)	Erbe (m)	[ˈɛʁbə]
herança (f)	Erbschaft (f)	[ˈɛʁpʃaft]
fortuna (riqueza)	Vermögen (n)	[fɛɐ̯ˈmøːgən]
arrendamento (m)	Pacht (f)	[paχt]
renda (f) de casa	Miete (f)	[ˈmiːtə]
alugar (vt)	mieten (vt)	[ˈmiːtən]
preço (m)	Preis (m)	[pʀaɪs]
custo (m)	Kosten (pl)	[ˈkɔstən]

soma (f)	Summe (f)	['zʊmə]
gastar (vt)	ausgeben (vt)	['aʊsˌgeːbən]
gastos (m pl)	Ausgaben (pl)	['aʊsˌgaːbən]
economizar (vi)	sparen (vt)	['ʃpaːʀən]
económico	sparsam	['ʃpaːɐzaːm]

pagar (vt)	zahlen (vt)	['tsaːlən]
pagamento (m)	Lohn (m)	[loːn]
troco (m)	Wechselgeld (n)	['vɛksəlˌgɛlt]

imposto (m)	Steuer (f)	['ʃtɔɪɐ]
multa (f)	Geldstrafe (f)	['gɛltˌʃtʀaːfə]
multar (vt)	bestrafen (vt)	[bə'ʃtʀaːfən]

42. Correios. Serviço postal

correios (m pl)	Post (f)	[pɔst]
correio (m)	Post (f)	[pɔst]
carteiro (m)	Briefträger (m)	['bʀiːfˌtʀɛːgɐ]
horário (m)	Öffnungszeiten (pl)	['œfnʊŋsˌtsaɪtən]

carta (f)	Brief (m)	[bʀiːf]
carta (f) registada	Einschreibebrief (m)	['aɪnʃʀaɪbəˌbʀiːf]
postal (m)	Postkarte (f)	['pɔstˌkaʁtə]
telegrama (m)	Telegramm (n)	[teleˈgʀam]
encomenda (f) postal	Postpaket (n)	['pɔst·paˈkeːt]
remessa (f) de dinheiro	Geldanweisung (f)	['gɛltˌanvaɪzʊŋ]

receber (vt)	bekommen (vt)	[bəˈkɔmən]
enviar (vt)	abschicken (vt)	['apˌʃɪkən]
envio (m)	Absendung (f)	['apˌzɛndʊŋ]
endereço (m)	Postanschrift (f)	['pɔstˌanʃʀɪft]
código (m) postal	Postleitzahl (f)	['pɔstlaɪtˌtsaːl]
remetente (m)	Absender (m)	['apˌzɛndɐ]
destinatário (m)	Empfänger (m)	[ɛmˈpfɛŋɐ]

nome (m)	Vorname (m)	['foːɐˌnaːmə]
apelido (m)	Nachname (m)	['naːχˌnaːmə]
tarifa (f)	Tarif (m)	[taˈʀiːf]
normal	Standard-	['standaʁt]
económico	Spar-	['ʃpaːɐ]

peso (m)	Gewicht (n)	[gəˈvɪçt]
pesar (estabelecer o peso)	abwiegen (vt)	['apˌviːgən]
envelope (m)	Briefumschlag (m)	['bʀiːfʔʊmˌʃlaːk]
selo (m)	Briefmarke (f)	['bʀiːfˌmaʁkə]
colar o selo	Briefmarke aufkleben	['bʀiːfˌmaʁkə 'aʊfˌkleːbən]

43. Banca

| banco (m) | Bank (f) | [baŋk] |
| sucursal, balcão (f) | Filiale (f) | [fiˈlɪaːlə] |

| consultor (m) | Berater (m) | [bə'ʀaːtɐ] |
| gerente (m) | Leiter (m) | ['laɪtɐ] |

conta (f)	Konto (n)	['kɔnto]
número (m) da conta	Kontonummer (f)	['kɔnto‚nʊmɐ]
conta (f) corrente	Kontokorrent (n)	[kɔnto·kɔ'ʀɛnt]
conta (f) poupança	Sparkonto (n)	['ʃpaːɐ‚kɔnto]

abrir uma conta	ein Konto eröffnen	[aɪn 'kɔnto ɛɐ'ʔœfnən]
fechar uma conta	das Konto schließen	[das 'kɔnto 'ʃliːsən]
depositar na conta	auf ein Konto einzahlen	[aʊf aɪn 'kɔnto 'aɪn‚tsaːlən]
levantar (vt)	abheben (vt)	['ap‚heːbən]

depósito (m)	Einzahlung (f)	['aɪn‚tsaːlʊŋ]
fazer um depósito	eine Einzahlung machen	['aɪnə 'aɪn‚tsaːlʊŋ 'maxən]
transferência (f) bancária	Überweisung (f)	[‚yːbɐ'vaɪzən]
transferir (vt)	überweisen (vt)	[‚yːbɐ'vaɪzən]

| soma (f) | Summe (f) | ['zʊmə] |
| Quanto? | Wie viel? | ['viː fiːl] |

| assinatura (f) | Unterschrift (f) | ['ʊntɐʃʀɪft] |
| assinar (vt) | unterschreiben (vt) | [‚ʊntɐ'ʃʀaɪbən] |

cartão (m) de crédito	Kreditkarte (f)	[kʀe'diːt‚kaʀtə]
código (m)	Code (m)	[koːt]
número (m) do cartão de crédito	Kreditkartennummer (f)	[kʀe'diːt‚kaʀtə'nʊmɐ]
Caixa Multibanco (m)	Geldautomat (m)	['gɛlt?aʊto‚maːt]

cheque (m)	Scheck (m)	[ʃɛk]
passar um cheque	einen Scheck schreiben	['aɪnən ʃɛk 'ʃʀaɪbn]
livro (m) de cheques	Scheckbuch (n)	['ʃɛk‚buːχ]

empréstimo (m)	Darlehen (m)	['daʀ‚leːən]
pedir um empréstimo	ein Darlehen beantragen	[aɪn 'daʀ‚leːən bə'ʔantʀaːgən]
obter um empréstimo	ein Darlehen aufnehmen	[aɪn daʀ‚leːən 'aʊf‚neːmən]
conceder um empréstimo	ein Darlehen geben	[aɪn 'daʀ‚leːən 'geːbən]
garantia (f)	Sicherheit (f)	['zɪçɐhaɪt]

44. Telefone. Conversação telefónica

telefone (m)	Telefon (n)	[tele'foːn]
telemóvel (m)	Mobiltelefon (n)	[mo'biːl·tele‚foːn]
secretária (f) electrónica	Anrufbeantworter (m)	['anʀuːfbə·ant‚vɔʀtɐ]

| fazer uma chamada | anrufen (vt) | ['an‚ʀuːfən] |
| chamada (f) | Anruf (m) | ['an‚ʀuːf] |

marcar um número	eine Nummer wählen	['aɪnə 'nʊmɐ 'vɛːlən]
Alô!	Hallo!	[ha'loː]
perguntar (vt)	fragen (vt)	['fʀaːgən]
responder (vt)	antworten (vi)	['ant‚vɔʀtən]
ouvir (vt)	hören (vt)	['høːʀən]

bem	gut	[gu:t]
mal	schlecht	[ʃlɛçt]
ruído (m)	Störungen (pl)	[ˈʃtø:ʀʊŋən]
auscultador (m)	Hörer (m)	[ˈhø:ʀɐ]
pegar o telefone	den Hörer abnehmen	[den ˈhø:ʀɐ ˈapˌne:mən]
desligar (vi)	auflegen (vt)	[ˈaʊfˌle:gən]
ocupado	besetzt	[bəˈzɛtst]
tocar (vi)	läuten (vi)	[ˈlɔɪtən]
lista (f) telefónica	Telefonbuch (n)	[teleˈfo:nˌbu:χ]
local	Orts-	[ɔʁts]
chamada (f) local	Ortsgespräch	[ɔʁts·gəˈʃpʀɛ:ç]
para outra cidade	Fern-	[ˈfɛʁn]
chamada (f) para outra cidade	Ferngespräch	[ˈfɛʁn·gəˈʃpʀɛ:ç]
internacional	Auslands-	[ˈaʊslants]
chamada (f) internacional	Auslandsgespräch	[ˈaʊslants·gəˈʃpʀɛ:ç]

45. Telefone móvel

telemóvel (m)	Mobiltelefon (n)	[moˈbi:l·teleˌfo:n]
ecrã (m)	Display (n)	[dɪsˈple:]
botão (m)	Knopf (m)	[knɔpf]
cartão SIM (m)	SIM-Karte (f)	[ˈzɪmˌkaʁtə]
bateria (f)	Batterie (f)	[batəˈʀi:]
descarregar-se	leer sein	[le:ɐ zaɪn]
carregador (m)	Ladegerät (n)	[ˈla:də·gəˈʀɛ:t]
menu (m)	Menü (n)	[meˈny:]
definições (f pl)	Einstellungen (pl)	[ˈaɪnʃtɛlʊŋən]
melodia (f)	Melodie (f)	[meloˈdi:]
escolher (vt)	auswählen (vt)	[ˈaʊsˌvɛ:lən]
calculadora (f)	Rechner (m)	[ˈʀɛçnɐ]
correio (m) de voz	Anrufbeantworter (m)	[ˈanʀu:fbə·antˌvɔʁtɐ]
despertador (m)	Wecker (m)	[ˈvɛkɐ]
contatos (m pl)	Kontakte (pl)	[kɔnˈtaktə]
mensagem (f) de texto	SMS-Nachricht (f)	[ɛsʔɛmˈʔɛs ˈna:χˌʀɪçt]
assinante (m)	Teilnehmer (m)	[ˈtaɪlˌne:mɐ]

46. Estacionário

caneta (f)	Kugelschreiber (m)	[ˈku:gəlʃʀaɪbɐ]
caneta (f) tinteiro	Federhalter (m)	[ˈfe:dɐˌhaltɐ]
lápis (m)	Bleistift (m)	[ˈblaɪˌʃtɪft]
marcador (m)	Faserschreiber (m)	[ˈfa:zɐʃʀaɪbɐ]
caneta (f) de feltro	Filzstift (m)	[ˈfɪltsˌʃtɪft]
bloco (m) de notas	Notizblock (m)	[noˈti:tsˌblɔk]

agenda (f)	Terminkalender (m)	[tɐ'miːnˌkaˌlɛndɐ]
régua (f)	Lineal (n)	[line'aːl]
calculadora (f)	Rechner (m)	['ʀɛçnɐ]
borracha (f)	Radiergummi (m)	[ʀa'diːɐˌgʊmi]
pionés (m)	Reißwecke (f)	['ʀaɪsˌtsvɛkɐ]
clipe (m)	Heftklammer (f)	['hɛftˌklamɐ]
cola (f)	Klebstoff (m)	['kleːpʃtɔf]
agrafador (m)	Hefter (m)	['hɛftɐ]
furador (m)	Locher (m)	['lɔχɐ]
afia-lápis (m)	Bleistiftspitzer (m)	['blaɪʃtɪftˌʃpɪtsɐ]

47. Línguas estrangeiras

língua (f)	Sprache (f)	['ʃpʀaːχɐ]
estrangeiro	Fremd-	['fʀɛmt]
língua (f) estrangeira	Fremdsprache (f)	['fʀɛmtˌʃpʀaːχɐ]
estudar (vt)	studieren (vt)	[ʃtuˈdiːʀən]
aprender (vt)	lernen (vt)	['lɛʀnən]
ler (vt)	lesen (vi, vt)	['leːzən]
falar (vi)	sprechen (vi, vt)	['ʃpʀɛçən]
compreender (vt)	verstehen (vt)	[fɛɐ'ʃteːən]
escrever (vt)	schreiben (vi, vt)	['ʃʀaɪbən]
rapidamente	schnell	[ʃnɛl]
devagar	langsam	['laŋzaːm]
fluentemente	fließend	['fliːsənt]
regras (f pl)	Regeln (pl)	['ʀeːgəln]
gramática (f)	Grammatik (f)	[gʀa'matɪk]
vocabulário (m)	Vokabular (n)	[vokabu'laːɐ]
fonética (f)	Phonetik (f)	[foːˈneːtɪk]
manual (m) escolar	Lehrbuch (n)	['leːɐˌbuːχ]
dicionário (m)	Wörterbuch (n)	['vœʀtɐˌbuːχ]
manual (m) de autoaprendizagem	Selbstlernbuch (n)	['zɛlpstˌlɛʀnbuːχ]
guia (m) de conversação	Sprachführer (m)	['ʃpʀaːχˌfyːʀɐ]
cassete (f)	Kassette (f)	[ka'sɛtɐ]
vídeo cassete (m)	Videokassette (f)	['viːdeoˑka'sɛtɐ]
CD (m)	CD (f)	[tseːˈdeː]
DVD (m)	DVD (f)	[defaʊ'deː]
alfabeto (m)	Alphabet (n)	[alfa'beːt]
soletrar (vt)	buchstabieren (vt)	[ˌbuːχʃta'biːʀən]
pronúncia (f)	Aussprache (f)	['aʊsˌʃpʀaːχɐ]
sotaque (m)	Akzent (m)	[ak'tsɛnt]
com sotaque	mit Akzent	[mɪt ak'tsɛnt]
sem sotaque	ohne Akzent	['oːnə ak'tsɛnt]
palavra (f)	Wort (n)	[vɔʀt]
sentido (m)	Bedeutung (f)	[bə'dɔɪtʊŋ]

cursos (m pl)	Kurse (pl)	['kʊʁzə]
inscrever-se (vr)	sich einschreiben	[zɪç 'aɪnʃʁaɪbən]
professor (m)	Lehrer (m)	['leːʀɐ]

tradução (processo)	Übertragung (f)	[ˌyːbɐ'tʀaːgʊŋ]
tradução (texto)	Übersetzung (f)	[ˌyːbɐ'zɛtsʊŋ]
tradutor (m)	Übersetzer (m)	[ˌyːbɐ'zɛtsɐ]
intérprete (m)	Dolmetscher (m)	['dɔlmɛtʃɐ]

| poliglota (m) | Polyglott (m, f) | [poly'glɔt] |
| memória (f) | Gedächtnis (n) | [gə'dɛçtnɪs] |

REFEIÇÕES. RESTAURANTE

48. Por a mesa

colher (f)	Löffel (m)	['lœfəl]
faca (f)	Messer (n)	['mɛsɐ]
garfo (m)	Gabel (f)	[ɡaːbəl]
chávena (f)	Tasse (f)	['tasə]
prato (m)	Teller (m)	['tɛlɐ]
pires (m)	Untertasse (f)	['ʊntɐˌtasə]
guardanapo (m)	Serviette (f)	[zɛʁˈvɪɛtə]
palito (m)	Zahnstocher (m)	['tsaːnˌʃtɔχɐ]

49. Restaurante

restaurante (m)	Restaurant (n)	[ʀɛstoˈʀɑ̃]
café (m)	Kaffeehaus (n)	[kaˈfeːˌhaʊs]
bar (m), cervejaria (f)	Bar (f)	[baːɐ]
salão (m) de chá	Teesalon (m)	['teːˌzaˈlɔŋ]
empregado (m) de mesa	Kellner (m)	['kɛlnɐ]
empregada (f) de mesa	Kellnerin (f)	['kɛlnəʀɪn]
barman (m)	Barmixer (m)	['baːɐˌmɪksɐ]
ementa (f)	Speisekarte (f)	['ʃpaɪzəˌkaʁtə]
lista (f) de vinhos	Weinkarte (f)	['vaɪnˌkaʁtə]
reservar uma mesa	einen Tisch reservieren	['aɪnən tɪʃ ʀezɛʁˈviːʀən]
prato (m)	Gericht (n)	[ɡəˈʀɪçt]
pedir (vt)	bestellen (vt)	[bəˈʃtɛlən]
fazer o pedido	eine Bestellung aufgeben	['aɪnə bəˈʃtɛlʊŋ 'aʊfˌɡeːbən]
aperitivo (m)	Aperitif (m)	[apeʀiˈtiːf]
entrada (f)	Vorspeise (f)	['foːɐˌʃpaɪzə]
sobremesa (f)	Nachtisch (m)	['naːχˌtɪʃ]
conta (f)	Rechnung (f)	['ʀɛçnʊŋ]
pagar a conta	Rechnung bezahlen	['ʀɛçnʊŋ bəˈtsaːlən]
dar o troco	das Wechselgeld geben	[das 'vɛksəlˌɡɛlt 'ɡeːbən]
gorjeta (f)	Trinkgeld (n)	['tʀɪŋkˌɡɛlt]

50. Refeições

comida (f)	Essen (n)	['ɛsən]
comer (vt)	essen (vi, vt)	['ɛsən]

pequeno-almoço (m)	Frühstück (n)	['fʀyːʃtʏk]
tomar o pequeno-almoço	frühstücken (vi)	['fʀyːʃtʏkən]
almoço (m)	Mittagessen (n)	['mɪtaːkˌʔɛsən]
almoçar (vi)	zu Mittag essen	[tsu 'mɪtaːk 'ɛsən]
jantar (m)	Abendessen (n)	['aːbəntˌʔɛsən]
jantar (vi)	zu Abend essen	[tsu 'aːbənt 'ɛsən]
apetite (m)	Appetit (m)	[apeˈtiːt]
Bom apetite!	Guten Appetit!	[ˌgutənˌʔapəˈtiːt]
abrir (~ uma lata, etc.)	öffnen (vt)	[ˈœfnən]
derramar (vt)	verschütten (vt)	[fɛɐˈʃʏtən]
derramar-se (vr)	verschüttet werden	[fɛɐˈʃʏtət ˈveːɐdən]
ferver (vi)	kochen (vi)	[ˈkɔχən]
ferver (vt)	kochen (vt)	[ˈkɔχən]
fervido	gekocht	[gəˈkɔχt]
arrefecer (vt)	kühlen (vt)	[ˈkyːlən]
arrefecer-se (vr)	abkühlen (vi)	[ˈapˌkyːlən]
sabor, gosto (m)	Geschmack (m)	[gəˈʃmak]
gostinho (m)	Beigeschmack (m)	[ˈbaɪgəˌʃmak]
fazer dieta	auf Diät sein	[aʊf diˈɛːt zaɪn]
dieta (f)	Diät (f)	[diˈɛːt]
vitamina (f)	Vitamin (n)	[vitaˈmiːn]
caloria (f)	Kalorie (f)	[kaloˈʀiː]
vegetariano (m)	Vegetarier (m)	[vegeˈtaːʀɪɐ]
vegetariano	vegetarisch	[vegeˈtaːʀɪʃ]
gorduras (f pl)	Fett (n)	[fɛt]
proteínas (f pl)	Protein (n)	[pʀoteˈiːn]
carboidratos (m pl)	Kohlenhydrat (n)	[ˈkoːlənhyˌdʀaːt]
fatia (~ de limão, etc.)	Scheibchen (n)	[ˈʃaɪpçən]
pedaço (~ de bolo)	Stück (n)	[ʃtʏk]
migalha (f)	Krümel (m)	[ˈkʀyːməl]

51. Pratos cozinhados

prato (m)	Gericht (n)	[gəˈʀɪçt]
cozinha (~ portuguesa)	Küche (f)	[ˈkʏçə]
receita (f)	Rezept (n)	[ʀeˈtsɛpt]
porção (f)	Portion (f)	[pɔʁˈtsjoːn]
salada (f)	Salat (m)	[zaˈlaːt]
sopa (f)	Suppe (f)	[ˈzʊpə]
caldo (m)	Brühe (f), Bouillon (f)	[ˈbʀyːə], [bulˈjɔŋ]
sandes (f)	belegtes Brot (n)	[bəˈleːktəs bʀoːt]
ovos (m pl) estrelados	Spiegelei (n)	[ˈʃpiːgəlˌʔaɪ]
hambúrguer (m)	Hamburger (m)	[ˈhamˌbʊʁgɐ]
bife (m)	Beefsteak (n)	[ˈbiːfˌʃteːk]
conduto (m)	Beilage (f)	[ˈbaɪˌlaːgə]

espaguete (m)	**Spaghetti** (pl)	[ʃpaˈgɛti]
puré (m) de batata	**Kartoffelpüree** (n)	[kaʁˈtɔfəl·pyˌʁeː]
pizza (f)	**Pizza** (f)	[ˈpɪtsa]
papa (f)	**Brei** (m)	[bʀaɪ]
omelete (f)	**Omelett** (n)	[ɔmˈlɛt]
cozido em água	**gekocht**	[gəˈkɔχt]
fumado	**geräuchert**	[gəˈʀɔɪçɐt]
frito	**gebraten**	[gəˈbʀaːtən]
seco	**getrocknet**	[gəˈtʀɔknət]
congelado	**tiefgekühlt**	[ˈtiːfgəˌkyːlt]
em conserva	**mariniert**	[maʀiˈniːɐt]
doce (açucarado)	**süß**	[zyːs]
salgado	**salzig**	[ˈzaltsɪç]
frio	**kalt**	[kalt]
quente	**heiß**	[haɪs]
amargo	**bitter**	[ˈbɪtɐ]
gostoso	**lecker**	[ˈlɛkɐ]
cozinhar (em água a ferver)	**kochen** (vt)	[ˈkɔχən]
fazer, preparar (vt)	**zubereiten** (vt)	[ˈtsuːbəˌʀaɪtən]
fritar (vt)	**braten** (vt)	[ˈbʀaːtən]
aquecer (vt)	**aufwärmen** (vt)	[ˈaʊfˌvɛʁmən]
salgar (vt)	**salzen** (vt)	[ˈzaltsən]
apimentar (vt)	**pfeffern** (vt)	[ˈpfɛfɐn]
ralar (vt)	**reiben** (vt)	[ˈʀaɪbən]
casca (f)	**Schale** (f)	[ˈʃaːlə]
descascar (vt)	**schälen** (vt)	[ˈʃɛːlən]

52. Comida

carne (f)	**Fleisch** (n)	[flaɪʃ]
galinha (f)	**Hühnerfleisch** (n)	[ˈhyːnɐˌflaɪʃ]
frango (m)	**Küken** (n)	[ˈkyːkən]
pato (m)	**Ente** (f)	[ˈɛntə]
ganso (m)	**Gans** (f)	[gans]
caça (f)	**Wild** (n)	[vɪlt]
peru (m)	**Pute** (f)	[ˈpuːtə]
carne (f) de porco	**Schweinefleisch** (n)	[ˈʃvaɪnəˌflaɪʃ]
carne (f) de vitela	**Kalbfleisch** (n)	[ˈkalpˌflaɪʃ]
carne (f) de carneiro	**Hammelfleisch** (n)	[ˈhaməlˌflaɪʃ]
carne (f) de vaca	**Rindfleisch** (n)	[ˈʀɪntˌflaɪʃ]
carne (f) de coelho	**Kaninchenfleisch** (n)	[kaˈniːnçənˌflaɪʃ]
chouriço, salsichão (m)	**Wurst** (f)	[vʊʁst]
salsicha (f)	**Würstchen** (n)	[ˈvyʁstçən]
bacon (m)	**Schinkenspeck** (m)	[ˈʃɪŋkənˌʃpɛk]
fiambre (f)	**Schinken** (m)	[ˈʃɪŋkən]
presunto (m)	**Räucherschinken** (m)	[ˈʀɔɪçɐˌʃɪŋkən]
patê (m)	**Pastete** (f)	[pasˈteːtə]
fígado (m)	**Leber** (f)	[ˈleːbɐ]

carne (f) moída	Hackfleisch (n)	[ˈhakˌflaɪʃ]
língua (f)	Zunge (f)	[ˈtsʊŋə]
ovo (m)	Ei (n)	[aɪ]
ovos (m pl)	Eier (pl)	[ˈaɪɐ]
clara (f) do ovo	Eiweiß (n)	[ˈaɪvaɪs]
gema (f) do ovo	Eigelb (n)	[ˈaɪgɛlp]
peixe (m)	Fisch (m)	[fɪʃ]
marisco (m)	Meeresfrüchte (pl)	[ˈmeːrəsˌfʀʏçtə]
crustáceos (m pl)	Krebstiere (pl)	[ˈkʀeːpsˌtiːʀə]
caviar (m)	Kaviar (m)	[ˈkaːvɪaʁ]
caranguejo (m)	Krabbe (f)	[ˈkʀabə]
camarão (m)	Garnele (f)	[gaʁˈneːlə]
ostra (f)	Auster (f)	[ˈaʊstɐ]
lagosta (f)	Languste (f)	[laŋˈgʊstə]
polvo (m)	Krake (m)	[ˈkʀaːkə]
lula (f)	Kalmar (m)	[ˈkalmaʁ]
esturjão (m)	Störfleisch (n)	[ˈʃtøːɐ̯ˌflaɪʃ]
salmão (m)	Lachs (m)	[laks]
halibute (m)	Heilbutt (m)	[ˈhaɪlbʊt]
bacalhau (m)	Dorsch (m)	[dɔʁʃ]
cavala, sarda (f)	Makrele (f)	[maˈkʀeːlə]
atum (m)	Tunfisch (m)	[ˈtuːnfɪʃ]
enguia (f)	Aal (m)	[aːl]
truta (f)	Forelle (f)	[ˌfoˈʀɛlə]
sardinha (f)	Sardine (f)	[zaʁˈdiːnə]
lúcio (m)	Hecht (m)	[hɛçt]
arenque (m)	Hering (m)	[ˈheːʀɪŋ]
pão (m)	Brot (n)	[bʀoːt]
queijo (m)	Käse (m)	[ˈkɛːzə]
açúcar (m)	Zucker (m)	[ˈtsʊkɐ]
sal (m)	Salz (n)	[zalts]
arroz (m)	Reis (m)	[ʀaɪs]
massas (f pl)	Teigwaren (pl)	[ˈtaɪkˌvaːʀən]
talharim (m)	Nudeln (pl)	[ˈnuːdəln]
manteiga (f)	Butter (f)	[ˈbʊtɐ]
óleo (m) vegetal	Pflanzenöl (n)	[ˈpflantsənˌʔøːl]
óleo (m) de girassol	Sonnenblumenöl (n)	[ˈzɔnənbluːmənˌʔøːl]
margarina (f)	Margarine (f)	[maʁgaˈʀiːnə]
azeitonas (f pl)	Oliven (pl)	[oˈliːvən]
azeite (m)	Olivenöl (n)	[oˈliːvənˌʔøːl]
leite (m)	Milch (f)	[mɪlç]
leite (m) condensado	Kondensmilch (f)	[kɔnˈdɛnsˌmɪlç]
iogurte (m)	Joghurt (m, f)	[ˈjoːgʊʁt]
nata (f)	saure Sahne (f)	[ˈzaʊʀə ˈzaːnə]
nata (f) do leite	Sahne (f)	[ˈzaːnə]

maionese (f)	Mayonnaise (f)	[majɔ'nɛːzə]
creme (m)	Buttercreme (f)	['bʊtɐˌkRɛːm]
grãos (m pl) de cereais	Grütze (f)	['gRʏtsə]
farinha (f)	Mehl (n)	[meːl]
enlatados (m pl)	Konserven (pl)	[kɔn'zɛʁvən]
flocos (m pl) de milho	Maisflocken (pl)	[maɪs'flɔkən]
mel (m)	Honig (m)	['hoːnɪç]
doce (m)	Marmelade (f)	[ˌmaʁmə'laːdə]
pastilha (f) elástica	Kaugummi (m, n)	['kaʊˌgʊmi]

53. Bebidas

água (f)	Wasser (n)	['vasɐ]
água (f) potável	Trinkwasser (n)	['tRɪŋkˌvasɐ]
água (f) mineral	Mineralwasser (n)	[mine'Raːlˌvasɐ]
sem gás	still	[ʃtɪl]
gaseificada	mit Kohlensäure	[mɪt 'koːlənˌzɔɪRə]
com gás	mit Gas	[mɪt gaːs]
gelo (m)	Eis (n)	[aɪs]
com gelo	mit Eis	[mɪt aɪs]
sem álcool	alkoholfrei	['alkohoːlˈfRaɪ]
bebida (f) sem álcool	alkoholfreies Getränk (n)	['alkohoːlˈfRaɪəs gə'tRɛŋk]
refresco (m)	Erfrischungsgetränk (n)	[ɛɐ'fRɪʃʊŋsˈgəˌtRɛŋk]
limonada (f)	Limonade (f)	[limo'naːdə]
bebidas (f pl) alcoólicas	Spirituosen (pl)	[ʃpiRi'tʊoːzən]
vinho (m)	Wein (m)	[vaɪn]
vinho (m) branco	Weißwein (m)	['vaɪsˌvaɪn]
vinho (m) tinto	Rotwein (m)	['Roːtˌvaɪn]
licor (m)	Likör (m)	[li'køːɐ]
champanhe (m)	Champagner (m)	[ʃam'panjɐ]
vermute (m)	Wermut (m)	['veːɐmuːt]
uísque (m)	Whisky (m)	['vɪski]
vodka (f)	Wodka (m)	['vɔtka]
gim (m)	Gin (m)	[dʒɪn]
conhaque (m)	Kognak (m)	['kɔnjak]
rum (m)	Rum (m)	[Rʊm]
café (m)	Kaffee (m)	['kafe]
café (m) puro	schwarzer Kaffee (m)	['ʃvaʁtsɐ 'kafe]
café (m) com leite	Milchkaffee (m)	['mɪlç·kaˌfeː]
cappuccino (m)	Cappuccino (m)	[ˌkapʊ'tʃiːno]
café (m) solúvel	Pulverkaffee (m)	['pʊlfɐˌkafe]
leite (m)	Milch (f)	[mɪlç]
coquetel (m)	Cocktail (m)	['kɔktɛɪl]
batido (m) de leite	Milchcocktail (m)	['mɪlçˌkɔktɛɪl]
sumo (m)	Saft (m)	[zaft]

sumo (m) de tomate	Tomatensaft (m)	[to'ma:tən‚zaft]
sumo (m) de laranja	Orangensaft (m)	[o'ʀa:ŋʒən‚zaft]
sumo (m) fresco	frisch gepresster Saft (m)	[fʀɪʃ gə'pʀɛstə zaft]
cerveja (f)	Bier (n)	[bi:ɐ]
cerveja (f) clara	Helles (n)	['hɛlɛs]
cerveja (f) preta	Dunkelbier (n)	['dʊŋkəl‚bi:ɐ]
chá (m)	Tee (m)	[te:]
chá (m) preto	schwarzer Tee (m)	['ʃvaʁtsɐ 'te:]
chá (m) verde	grüner Tee (m)	['gʀy:nɐ te:]

54. Vegetais

legumes (m pl)	Gemüse (n)	[gə'my:zə]
verduras (f pl)	grünes Gemüse (pl)	['gʀy:nəs gə'my:zə]
tomate (m)	Tomate (f)	[to'ma:tə]
pepino (m)	Gurke (f)	['gʊʁkə]
cenoura (f)	Karotte (f)	[ka'ʀɔtə]
batata (f)	Kartoffel (f)	[kaʁ'tɔfəl]
cebola (f)	Zwiebel (f)	['tsvi:bəl]
alho (m)	Knoblauch (m)	['kno:p‚laʊx]
couve (f)	Kohl (m)	[ko:l]
couve-flor (f)	Blumenkohl (m)	['blu:mən‚ko:l]
couve-de-bruxelas (f)	Rosenkohl (m)	['ʀo:zən‚ko:l]
brócolos (m pl)	Brokkoli (m)	['bʀɔkoli]
beterraba (f)	Rote Bete (f)	[‚ʀo:tə'be:tə]
beringela (f)	Aubergine (f)	[‚obɛʁ'ʒi:nə]
curgete (f)	Zucchini (f)	[tsʊ'ki:ni]
abóbora (f)	Kürbis (m)	['kʏʁbɪs]
nabo (m)	Rübe (f)	['ʀy:bə]
salsa (f)	Petersilie (f)	[petɐ'zi:lɪə]
funcho, endro (m)	Dill (m)	[dɪl]
alface (f)	Kopf Salat (m)	[kɔpf za'la:t]
aipo (m)	Sellerie (f)	['zɛləʀi]
espargo (m)	Spargel (m)	['ʃpaʁgəl]
espinafre (m)	Spinat (m)	[ʃpi'na:t]
ervilha (f)	Erbse (f)	['ɛʁpsə]
fava (f)	Bohnen (pl)	['bo:nən]
milho (m)	Mais (m)	['maɪs]
feijão (m)	weiße Bohne (f)	['vaɪsə 'bo:nə]
pimentão (m)	Paprika (m)	['papʁika]
rabanete (m)	Radieschen (n)	[ʀa'di:sçən]
alcachofra (f)	Artischocke (f)	[aʁti'ʃɔkə]

55. Frutos. Nozes

fruta (f)	Frucht (f)	[fʀʊχt]
maçã (f)	Apfel (m)	['apfəl]
pera (f)	Birne (f)	['bɪʁnə]
limão (m)	Zitrone (f)	[tsi'tʀoːnə]
laranja (f)	Apfelsine (f)	[apfəl'ziːnə]
morango (m)	Erdbeere (f)	['eːɐtˌbeːʀə]
tangerina (f)	Mandarine (f)	[ˌmanda'ʀiːnə]
ameixa (f)	Pflaume (f)	['pflaʊmə]
pêssego (m)	Pfirsich (m)	['pfɪʁzɪç]
damasco (m)	Aprikose (f)	[ˌapʀi'koːzə]
framboesa (f)	Himbeere (f)	['hɪmˌbeːʀə]
ananás (m)	Ananas (f)	['ananas]
banana (f)	Banane (f)	[ba'naːnə]
melancia (f)	Wassermelone (f)	['vasɐmeˌloːnə]
uva (f)	Weintrauben (pl)	['vaɪnˌtʀaʊbən]
ginja (f)	Sauerkirsche (f)	['zaʊɐˌkɪʁʃə]
cereja (f)	Süßkirsche (f)	['zyːsˌkɪʁʃə]
meloa (f)	Melone (f)	[me'loːnə]
toranja (f)	Grapefruit (f)	['gʀɛɪpˌfʀuːt]
abacate (m)	Avocado (f)	[avo'kaːdo]
papaia (f)	Papaya (f)	[pa'paːja]
manga (f)	Mango (f)	['maŋgo]
romã (f)	Granatapfel (m)	[gʀa'naːtˌʔapfəl]
groselha (f) vermelha	rote Johannisbeere (f)	['ʀoːtə joː'hanɪsbeːʀə]
groselha (f) preta	schwarze Johannisbeere (f)	['ʃvaʁtsə joː'hanɪsbeːʀə]
groselha (f) espinhosa	Stachelbeere (f)	['ʃtaχəlˌbeːʀə]
mirtilo (m)	Heidelbeere (f)	['haɪdəlˌbeːʀə]
amora silvestre (f)	Brombeere (f)	['bʀɔmˌbeːʀə]
uvas (f pl) passas	Rosinen (pl)	[ʀo'ziːnən]
figo (m)	Feige (f)	['faɪgə]
tâmara (f)	Dattel (f)	['datəl]
amendoim (m)	Erdnuss (f)	['eːɐtˌnʊs]
amêndoa (f)	Mandel (f)	['mandəl]
noz (f)	Walnuss (f)	['valˌnʊs]
avelã (f)	Haselnuss (f)	['haːzəlˌnʊs]
coco (m)	Kokosnuss (f)	['koːkɔsˌnʊs]
pistáchios (m pl)	Pistazien (pl)	[pɪs'taːtsɪən]

56. Pão. Bolaria

pastelaria (f)	Konditorwaren (pl)	[kɔn'ditoːɐˌvaːʀən]
pão (m)	Brot (n)	[bʀoːt]
bolacha (f)	Keks (m, n)	[keːks]
chocolate (m)	Schokolade (f)	[ʃoko'laːdə]
de chocolate	Schokoladen-	[ʃoko'laːdən]

rebuçado (m)	Bonbon (m, n)	[bɔŋˈbɔŋ]
bolo (cupcake, etc.)	Kuchen (m)	[ˈkuːχən]
bolo (m) de aniversário	Torte (f)	[ˈtɔʁtə]
tarte (~ de maçã)	Kuchen (m)	[ˈkuːχən]
recheio (m)	Füllung (f)	[ˈfʏlʊŋ]
doce (m)	Konfitüre (f)	[ˌkɔnfiˈtyːʁə]
geleia (f) de frutas	Marmelade (f)	[ˌmaʁməˈlaːdə]
waffle (m)	Waffeln (pl)	[vafəln]
gelado (m)	Eis (n)	[aɪs]
pudim (m)	Pudding (m)	[ˈpʊdɪŋ]

57. Especiarias

sal (m)	Salz (n)	[zalts]
salgado	salzig	[ˈzaltsɪç]
salgar (vt)	salzen (vt)	[ˈzaltsən]
pimenta (f) preta	schwarzer Pfeffer (m)	[ˈʃvaʁtsɐ ˈpfɛfɐ]
pimenta (f) vermelha	roter Pfeffer (m)	[ˈʁoːtɐ ˈpfɛfɐ]
mostarda (f)	Senf (m)	[zɛnf]
raiz-forte (f)	Meerrettich (m)	[ˈmeːɐ̯ˌʁɛtɪç]
condimento (m)	Gewürz (n)	[ɡəˈvʏʁts]
especiaria (f)	Gewürz (n)	[ɡəˈvʏʁts]
molho (m)	Soße (f)	[ˈzoːsə]
vinagre (m)	Essig (m)	[ˈɛsɪç]
anis (m)	Anis (m)	[aˈniːs]
manjericão (m)	Basilikum (n)	[baˈziːlikʊm]
cravo (m)	Nelke (f)	[ˈnɛlkə]
gengibre (m)	Ingwer (m)	[ˈɪŋvɐ]
coentro (m)	Koriander (m)	[koˈʁiandɐ]
canela (f)	Zimt (m)	[tsɪmt]
sésamo (m)	Sesam (m)	[ˈzeːzam]
folhas (f pl) de louro	Lorbeerblatt (n)	[ˈlɔʁbeːɐ̯ˌblat]
páprica (f)	Paprika (m)	[ˈpapʁika]
cominho (m)	Kümmel (m)	[ˈkʏməl]
açafrão (m)	Safran (m)	[ˈzafʁan]

INFORMAÇÃO PESSOAL. FAMÍLIA

58. Informação pessoal. Formulários

nome (m)	Vorname (m)	['fo:ɐˌna:mə]
apelido (m)	Name (m)	['na:mə]
data (f) de nascimento	Geburtsdatum (n)	[gə'bu:ɛtsˌda:tʊm]
local (m) de nascimento	Geburtsort (m)	[gə'bu:ɛtsˌʔɔʁt]
nacionalidade (f)	Nationalität (f)	[natsjɔnali'tɛ:t]
lugar (m) de residência	Wohnort (m)	['vo:nˌʔɔʁt]
país (m)	Land (n)	[lant]
profissão (f)	Beruf (m)	[bə'ʁu:f]
sexo (m)	Geschlecht (n)	[gə'ʃlɛçt]
estatura (f)	Größe (f)	['gʁø:sə]
peso (m)	Gewicht (n)	[gə'vɪçt]

59. Membros da família. Parentes

mãe (f)	Mutter (f)	['mʊtɐ]
pai (m)	Vater (m)	['fa:tɐ]
filho (m)	Sohn (m)	[zo:n]
filha (f)	Tochter (f)	['tɔχtɐ]
filha (f) mais nova	jüngste Tochter (f)	['jʏŋstə 'tɔχtɐ]
filho (m) mais novo	jüngste Sohn (m)	['jʏŋstə 'zo:n]
filha (f) mais velha	ältere Tochter (f)	['ɛltəʁɐ 'tɔχtɐ]
filho (m) mais velho	älterer Sohn (m)	['ɛltəʁɐ 'zo:n]
irmão (m)	Bruder (m)	['bʁu:dɐ]
irmã (f)	Schwester (f)	['ʃvɛstɐ]
primo (m)	Cousin (m)	[ku'zɛŋ]
prima (f)	Cousine (f)	[ku'zi:nə]
mamã (f)	Mama (f)	['mama]
papá (m)	Papa (m)	['papa]
pais (pl)	Eltern (pl)	['ɛltɐn]
criança (f)	Kind (n)	[kɪnt]
crianças (f pl)	Kinder (pl)	['kɪndɐ]
avó (f)	Großmutter (f)	['gʁo:sˌmʊtɐ]
avô (m)	Großvater (m)	['gʁo:sˌfa:tɐ]
neto (m)	Enkel (m)	['ɛŋkəl]
neta (f)	Enkelin (f)	['ɛŋkəlɪn]
netos (pl)	Enkelkinder (pl)	['ɛŋkəlˌkɪndɐ]
tio (m)	Onkel (m)	['ɔŋkəl]
tia (f)	Tante (f)	['tantə]

sobrinho (m)	**Neffe** (m)	['nɛfə]
sobrinha (f)	**Nichte** (f)	['nɪçtə]
sogra (f)	**Schwiegermutter** (f)	['ʃviːgəˌmʊtə]
sogro (m)	**Schwiegervater** (m)	['ʃviːgəˌfaːtə]
genro (m)	**Schwiegersohn** (m)	['ʃviːgəˌzoːn]
madrasta (f)	**Stiefmutter** (f)	['ʃtiːfˌmʊtə]
padrasto (m)	**Stiefvater** (m)	['ʃtiːfˌfaːtə]
criança (f) de colo	**Säugling** (m)	['zɔɪklɪŋ]
bebé (m)	**Kleinkind** (n)	['klaɪnˌkɪnt]
menino (m)	**Kleine** (m)	['klaɪnə]
mulher (f)	**Frau** (f)	[fʀaʊ]
marido (m)	**Mann** (m)	[man]
esposo (m)	**Ehemann** (m)	['eːəˌman]
esposa (f)	**Gemahlin** (f)	[gə'maːlɪn]
casado	**verheiratet**	[fɛɐ'haɪʀaːtət]
casada	**verheiratet**	[fɛɐ'haɪʀaːtət]
solteiro	**ledig**	['leːdɪç]
solteirão (m)	**Junggeselle** (m)	['jʊŋgəˌzɛlə]
divorciado	**geschieden**	[gə'ʃiːdən]
viúva (f)	**Witwe** (f)	['vɪtvə]
viúvo (m)	**Witwer** (m)	['vɪtvə]
parente (m)	**Verwandte** (m)	[fɛɐ'vantə]
parente (m) próximo	**naher Verwandter** (m)	['naːɐ fɛɐ'vantə]
parente (m) distante	**entfernter Verwandter** (m)	[ɛnt'fɛʁntɐ fɛɐ'vantə]
parentes (m pl)	**Verwandte** (pl)	[fɛɐ'vantə]
órfão (m), órfã (f)	**Waise** (m, f)	['vaɪzə]
tutor (m)	**Vormund** (m)	['foːɐˌmʊnt]
adotar (um filho)	**adoptieren** (vt)	[adɔp'tiːʀən]
adotar (uma filha)	**adoptieren** (vt)	[adɔp'tiːʀən]

60. Amigos. Colegas de trabalho

amigo (m)	**Freund** (m)	[fʀɔɪnt]
amiga (f)	**Freundin** (f)	['fʀɔɪndɪn]
amizade (f)	**Freundschaft** (f)	['fʀɔɪntʃaft]
ser amigos	**befreundet sein**	[bə'fʀɔɪndət zaɪn]
amigo (m)	**Freund** (m)	[fʀɔɪnt]
amiga (f)	**Freundin** (f)	['fʀɔɪndɪn]
parceiro (m)	**Partner** (m)	['paʁtnɐ]
chefe (m)	**Chef** (m)	[ʃɛf]
superior (m)	**Vorgesetzte** (m)	['foːɐgəˌzɛtstə]
proprietário (m)	**Besitzer** (m)	[bə'zɪtsɐ]
subordinado (m)	**Untergeordnete** (m)	['ʊntɐgəˌʔɔʁtnətə]
colega (m)	**Kollege** (m), **Kollegin** (f)	[kɔ'leːgə], [kɔ'leːgɪn]
conhecido (m)	**Bekannte** (m)	[bə'kantə]
companheiro (m) de viagem	**Reisegefährte** (m)	['ʀaɪzəgə'fɛːɐtə]

colega (m) de classe	**Mitschüler** (m)	[ˈmɪtʃyːlɐ]
vizinho (m)	**Nachbar** (m)	[ˈnaxˌbaːɐ]
vizinha (f)	**Nachbarin** (f)	[ˈnaxbaːʀɪn]
vizinhos (pl)	**Nachbarn** (pl)	[ˈnaxbaːɐn]

CORPO HUMANO. MEDICINA

61. Cabeça

cabeça (f)	Kopf (m)	[kɔpf]
cara (f)	Gesicht (n)	[gə'zɪçt]
nariz (m)	Nase (f)	['naːzə]
boca (f)	Mund (m)	[mʊnt]
olho (m)	Auge (n)	['aʊgə]
olhos (m pl)	Augen (pl)	['aʊgən]
pupila (f)	Pupille (f)	[pu'pɪlə]
sobrancelha (f)	Augenbraue (f)	['aʊgən‚bʀaʊə]
pestana (f)	Wimper (f)	['vɪmpɐ]
pálpebra (f)	Augenlid (n)	['aʊgən‚liːt]
língua (f)	Zunge (f)	['tsʊŋə]
dente (m)	Zahn (m)	[tsaːn]
lábios (m pl)	Lippen (pl)	['lɪpən]
maçãs (f pl) do rosto	Backenknochen (pl)	['bakən‚knɔχən]
gengiva (f)	Zahnfleisch (n)	['tsaːn‚flaɪʃ]
paladar (m)	Gaumen (m)	['gaʊmən]
narinas (f pl)	Nasenlöcher (pl)	['naːzən‚lœçɐ]
queixo (m)	Kinn (n)	[kɪn]
mandíbula (f)	Kiefer (m)	['kiːfɐ]
bochecha (f)	Wange (f)	['vaŋə]
testa (f)	Stirn (f)	[ʃtɪʀn]
têmpora (f)	Schläfe (f)	['ʃlɛːfə]
orelha (f)	Ohr (n)	[oːɐ]
nuca (f)	Nacken (m)	['nakən]
pescoço (m)	Hals (m)	[hals]
garganta (f)	Kehle (f)	['keːlə]
cabelos (m pl)	Haare (pl)	['haːʀə]
penteado (m)	Frisur (f)	[‚fʀi'zuːɐ]
corte (m) de cabelo	Haarschnitt (m)	['haːɐ‚ʃnɪt]
peruca (f)	Perücke (f)	[pɐ'ʀʏkə]
bigode (m)	Schnurrbart (m)	['ʃnʊʀ‚baːɐt]
barba (f)	Bart (m)	[baːɐt]
usar, ter (~ barba, etc.)	haben (vt)	['haːbən]
trança (f)	Zopf (m)	[tsɔpf]
suíças (f pl)	Backenbart (m)	['bakən‚baːɐt]
ruivo	rothaarig	['ʀoːt‚haːʀɪç]
grisalho	grau	[gʀaʊ]
calvo	kahl	[kaːl]
calva (f)	Glatze (f)	['glatsə]

| rabo-de-cavalo (m) | Pferdeschwanz (m) | ['pfeːɐdəʃvants] |
| franja (f) | Pony (m) | ['pɔni] |

62. Corpo humano

| mão (f) | Hand (f) | [hant] |
| braço (m) | Arm (m) | [aʁm] |

dedo (m)	Finger (m)	['fɪŋɐ]
dedo (m) do pé	Zehe (f)	['tseːə]
polegar (m)	Daumen (m)	['daʊmən]
dedo (m) mindinho	kleiner Finger (m)	['klaɪnɐ 'fɪŋɐ]
unha (f)	Nagel (m)	['naːgəl]

punho (m)	Faust (f)	[faʊst]
palma (f) da mão	Handfläche (f)	['hant‚flɛçə]
pulso (m)	Handgelenk (n)	['hant·gə‚lɛŋk]
antebraço (m)	Unterarm (m)	['ʊntɐ‚ʔaʁm]
cotovelo (m)	Ellbogen (m)	['ɛl‚boːgən]
ombro (m)	Schulter (f)	['ʃʊltɐ]

perna (f)	Bein (n)	[baɪn]
pé (m)	Fuß (m)	[fuːs]
joelho (m)	Knie (n)	[kniː]
barriga (f) da perna	Wade (f)	['vaːdə]
anca (f)	Hüfte (f)	['hʏftə]
calcanhar (m)	Ferse (f)	['fɛʁzə]

corpo (m)	Körper (m)	['kœʁpɐ]
barriga (f)	Bauch (m)	['baʊx]
peito (m)	Brust (f)	[bʁʊst]
seio (m)	Busen (m)	['buːzən]
lado (m)	Seite (f), Flanke (f)	['zaɪtə], ['flaŋkə]
costas (f pl)	Rücken (m)	['ʁʏkən]
região (f) lombar	Kreuz (n)	[kʁɔɪts]
cintura (f)	Taille (f)	['taljə]

umbigo (m)	Nabel (m)	['naːbəl]
nádegas (f pl)	Gesäßbacken (pl)	[gə'zɛːs·bakən]
traseiro (m)	Hinterteil (n)	['hɪntɐ‚taɪl]

sinal (m)	Leberfleck (m)	['leːbɐ‚flɛk]
sinal (m) de nascença	Muttermal (n)	['mʊtɐ‚maːl]
tatuagem (f)	Tätowierung (f)	[tɛto'viːʁʊŋ]
cicatriz (f)	Narbe (f)	['naʁbə]

63. Doenças

doença (f)	Krankheit (f)	['kʁaŋkhaɪt]
estar doente	krank sein	[kʁaŋk zaɪn]
saúde (f)	Gesundheit (f)	[gə'zʊnthaɪt]
nariz (m) a escorrer	Schnupfen (m)	['ʃnʊpfən]

Português	Alemão	Pronúncia
amigdalite (f)	Angina (f)	[aŋˈgiːna]
constipação (f)	Erkältung (f)	[ɛɐˈkɛltʊŋ]
constipar-se (vr)	sich erkälten	[zɪç ɛɐˈkɛltən]
bronquite (f)	Bronchitis (f)	[bʀɔnˈçiːtɪs]
pneumonia (f)	Lungenentzündung (f)	[ˈlʊŋənʔɛntˌtsʏndʊŋ]
gripe (f)	Grippe (f)	[ˈgʀɪpə]
míope	kurzsichtig	[ˈkʊɐtsˌzɪçtɪç]
presbita	weitsichtig	[ˈvaɪtˌzɪçtɪç]
estrabismo (m)	Schielen (n)	[ˈʃiːlən]
estrábico	schielend	[ˈʃiːlənt]
catarata (f)	grauer Star (m)	[ˈgʀaʊɐ ʃtaːɐ]
glaucoma (m)	Glaukom (n)	[glauˈkoːm]
AVC (m), apoplexia (f)	Schlaganfall (m)	[ˈʃlaːkʔanˌfal]
ataque (m) cardíaco	Infarkt (m)	[ɪnˈfaʀkt]
enfarte (m) do miocárdio	Herzinfarkt (m)	[ˈhɛɐtsʔɪnˌfaʀkt]
paralisia (f)	Lähmung (f)	[ˈlɛːmʊŋ]
paralisar (vt)	lähmen (vt)	[ˈlɛːmən]
alergia (f)	Allergie (f)	[ˌalɛʀˈgiː]
asma (f)	Asthma (n)	[ˈastma]
diabetes (f)	Diabetes (m)	[diaˈbeːtɛs]
dor (f) de dentes	Zahnschmerz (m)	[ˈtsaːnˌʃmɛʀts]
cárie (f)	Karies (f)	[ˈkaːʀiɛs]
diarreia (f)	Durchfall (m)	[ˈdʊʀçˌfal]
prisão (f) de ventre	Verstopfung (f)	[fɛɐˈʃtɔpfʊŋ]
desarranjo (m) intestinal	Magenverstimmung (f)	[ˈmaːgən-fɛɐˌʃtɪmʊŋ]
intoxicação (f) alimentar	Vergiftung (f)	[fɛɐˈgɪftʊŋ]
intoxicar-se	Vergiftung bekommen	[fɛɐˈgɪftʊŋ bəˈkɔmən]
artrite (f)	Arthritis (f)	[aʀˈtʀiːtɪs]
raquitismo (m)	Rachitis (f)	[ʀaˈxiːtɪs]
reumatismo (m)	Rheumatismus (m)	[ʀɔɪmaˈtɪsmʊs]
arteriosclerose (f)	Atherosklerose (f)	[atɛʀɔskleˈʀoːzə]
gastrite (f)	Gastritis (f)	[gasˈtʀiːtɪs]
apendicite (f)	Blinddarmentzündung (f)	[ˈblɪntdaʀmʔɛntˌtsʏndʊŋ]
colecistite (f)	Cholezystitis (f)	[çoletsʏsˈtiːtɪs]
úlcera (f)	Geschwür (n)	[gəˈʃvyːɐ]
sarampo (m)	Masern (pl)	[ˈmaːzɐn]
rubéola (f)	Röteln (pl)	[ˈʀøːtəln]
itericía (f)	Gelbsucht (f)	[ˈgɛlpˌzʊxt]
hepatite (f)	Hepatitis (f)	[ˌhepaˈtiːtɪs]
esquizofrenia (f)	Schizophrenie (f)	[ʃitsofʀeˈniː]
raiva (f)	Tollwut (f)	[ˈtɔlˌvuːt]
neurose (f)	Neurose (f)	[nɔɪˈʀoːzə]
comoção (f) cerebral	Gehirnerschütterung (f)	[gəˈhɪʀnʔɛɐˌʃytəʀʊŋ]
cancro (m)	Krebs (m)	[kʀeːps]
esclerose (f)	Sklerose (f)	[skleˈʀoːzə]

esclerose (f) múltipla	multiple Sklerose (f)	[mʊl'tiːplə sklɐ'Roːzə]
alcoolismo (m)	Alkoholismus (m)	[ˌalkoho'lɪsmʊs]
alcoólico (m)	Alkoholiker (m)	[alko'hoːlikɐ]
sífilis (f)	Syphilis (f)	['zyːfilɪs]
SIDA (f)	AIDS	['eɪts]
tumor (m)	Tumor (m)	['tuːmoːɐ]
maligno	bösartig	['bøːsˌʔaːɐtɪç]
benigno	gutartig	['guːtˌʔaːɐtɪç]
febre (f)	Fieber (n)	['fiːbɐ]
malária (f)	Malaria (f)	[ma'laːRɪa]
gangrena (f)	Gangrän (f, n)	[gaŋ'gRɛːn]
enjoo (m)	Seekrankheit (f)	['zeːˌkRaŋkhaɪt]
epilepsia (f)	Epilepsie (f)	[epilɛ'psiː]
epidemia (f)	Epidemie (f)	[epide'miː]
tifo (m)	Typhus (m)	['tyːfʊs]
tuberculose (f)	Tuberkulose (f)	[tubɛʁku'loːzə]
cólera (f)	Cholera (f)	['koːleRa]
peste (f)	Pest (f)	[pɛst]

64. Simtomas. Tratamentos. Parte 1

sintoma (m)	Symptom (n)	[zʏmp'toːm]
temperatura (f)	Temperatur (f)	[tɛmpəRa'tuːɐ]
febre (f)	Fieber (n)	['fiːbɐ]
pulso (m)	Puls (m)	[pʊls]
vertigem (f)	Schwindel (m)	['ʃvɪndəl]
quente (testa, etc.)	heiß	[haɪs]
calafrio (m)	Schüttelfrost (m)	['ʃʏtəlˌfRɔst]
pálido	blass	[blas]
tosse (f)	Husten (m)	['huːstən]
tossir (vi)	husten (vi)	['huːstən]
espirrar (vi)	niesen (vi)	['niːzən]
desmaio (m)	Ohnmacht (f)	['oːnˌmaχt]
desmaiar (vi)	ohnmächtig werden	['oːnˌmɛçtɪç 'veːɐdən]
nódoa (f) negra	blauer Fleck (m)	['blaʊɐ flɛk]
galo (m)	Beule (f)	['bɔɪlə]
magoar-se (vr)	sich stoßen	[zɪç 'ʃtoːsən]
pisadura (f)	Prellung (f)	['pRɛlʊŋ]
aleijar-se (vr)	sich stoßen	[zɪç 'ʃtoːsən]
coxear (vi)	hinken (vi)	['hɪŋkən]
deslocação (f)	Verrenkung (f)	[fɛɐ'Rɛnkuŋ]
deslocar (vt)	ausrenken (vt)	['aʊsˌRɛŋkən]
fratura (f)	Fraktur (f)	[fRak'tuːɐ]
fraturar (vt)	brechen (vt)	['bRɛçən]
corte (m)	Schnittwunde (f)	['ʃnɪtˌvʊndə]
cortar-se (vr)	sich schneiden	[zɪç 'ʃnaɪdən]
hemorragia (f)	Blutung (f)	['bluːtʊŋ]

queimadura (f)	Verbrennung (f)	[fɛɐ'bʀɛnʊŋ]
queimar-se (vr)	sich verbrennen	[zɪç fɛɐ'bʀɛnən]
picar (vt)	stechen (vt)	['ʃtɛçən]
picar-se (vr)	sich stechen	[zɪç 'ʃtɛçən]
lesionar (vt)	verletzen (vt)	[fɛɐ'lɛtsən]
lesão (m)	Verletzung (f)	[fɛɐ'lɛtsʊŋ]
ferida (f), ferimento (m)	Wunde (f)	['vʊndə]
trauma (m)	Trauma (n)	['tʀaʊma]
delirar (vi)	irrereden (vi)	['ɪʀəˌʀeːdən]
gaguejar (vi)	stottern (vi)	['ʃtɔtɐn]
insolação (f)	Sonnenstich (m)	['zɔnənˌʃtɪç]

65. Simtomas. Tratamentos. Parte 2

dor (f)	Schmerz (m)	[ʃmɛʀts]
farpa (no dedo)	Splitter (m)	['ʃplɪtɐ]
suor (m)	Schweiß (m)	[ʃvaɪs]
suar (vi)	schwitzen (vi)	['ʃvɪtsən]
vómito (m)	Erbrechen (n)	[ɛɐ'bʀɛçən]
convulsões (f pl)	Krämpfe (pl)	['kʀɛmpfə]
grávida	schwanger	['ʃvaŋɐ]
nascer (vi)	geboren sein	[gə'boːʀən zaɪn]
parto (m)	Geburt (f)	[gə'buːɐt]
dar à luz	gebären (vt)	[gə'bɛːʀən]
aborto (m)	Abtreibung (f)	['apˌtʀaɪbʊŋ]
respiração (f)	Atem (m)	['aːtəm]
inspiração (f)	Atemzug (m)	['aːtəmˌtsuːk]
expiração (f)	Ausatmung (f)	['aʊsʔaːtmʊŋ]
expirar (vi)	ausatmen (vt)	['aʊsˌʔaːtmən]
inspirar (vi)	einatmen (vt)	['aɪnˌʔaːtmən]
inválido (m)	Invalide (m)	[ɪnva'liːdə]
aleijado (m)	Krüppel (m)	['kʀʏpəl]
toxicodependente (m)	Drogenabhängiger (m)	['dʀoːgənˌʔaphɛŋɪgɐ]
surdo	taub	[taʊp]
mudo	stumm	[ʃtʊm]
surdo-mudo	taubstumm	['taʊpʃtʊm]
louco (adj.)	verrückt	[fɛɐ'ʀʏkt]
louco (m)	Irre (m)	['ɪʀə]
louca (f)	Irre (f)	['ɪʀə]
ficar louco	den Verstand verlieren	[den fɛɐ'ʃtant fɛɐ'liːʀən]
gene (m)	Gen (n)	[geːn]
imunidade (f)	Immunität (f)	[ɪmuni'tɛːt]
hereditário	erblich	['ɛʀplɪç]
congénito	angeboren	['angəˌboːʀən]
vírus (m)	Virus (m, n)	['viːʀʊs]

micróbio (m)	Mikrobe (f)	[mi'kʀo:bə]
bactéria (f)	Bakterie (f)	[bak'te:ʀɪə]
infeção (f)	Infektion (f)	[ɪnfɛk'tsjo:n]

66. Simtomas. Tratamentos. Parte 3

hospital (m)	Krankenhaus (n)	['kʀaŋkənˌhaʊs]
paciente (m)	Patient (m)	[pa'tsɪɛnt]
diagnóstico (m)	Diagnose (f)	[dia'gno:zə]
cura (f)	Heilung (f)	['haɪlʊŋ]
tratamento (m) médico	Behandlung (f)	[bə'handlʊŋ]
curar-se (vr)	Behandlung bekommen	[bə'handlʊŋ bə'kɔmən]
tratar (vt)	behandeln (vt)	[bə'handəln]
cuidar (pessoa)	pflegen (vt)	['pfle:gən]
cuidados (m pl)	Pflege (f)	['pfle:gə]
operação (f)	Operation (f)	[opəʀa'tsjo:n]
enfaixar (vt)	verbinden (vt)	[fɛɐ'bɪndən]
ligadura (f)	Verband (m)	[fɛɐ'bant]
vacinação (f)	Impfung (f)	['ɪmpfʊŋ]
vacinar (vt)	impfen (vt)	['ɪmpfən]
injeção (f)	Spritze (f)	['ʃpʀɪtsə]
dar uma injeção	eine Spritze geben	['aɪnə 'ʃpʀɪtsə 'ge:bən]
ataque (~ de asma, etc.)	Anfall (m)	['anˌfal]
amputação (f)	Amputation (f)	[amputa'tsjo:n]
amputar (vt)	amputieren (vt)	[ampu'ti:ʀən]
coma (f)	Koma (n)	['ko:ma]
estar em coma	im Koma liegen	[ɪm 'ko:ma 'li:gən]
reanimação (f)	Reanimation (f)	[ʀe?anima'tsjo:n]
recuperar-se (vr)	genesen von …	[gə'ne:zən fɔn]
estado (~ de saúde)	Zustand (m)	['tsu:ʃtant]
consciência (f)	Bewusstsein (n)	[bə'vʊstzaɪn]
memória (f)	Gedächtnis (n)	[gə'dɛçtnɪs]
tirar (vt)	ziehen (vt)	['tsi:ən]
chumbo (m), obturação (f)	Plombe (f)	['plɔmbə]
chumbar, obturar (vt)	plombieren (vt)	[plɔm'bi:ʀən]
hipnose (f)	Hypnose (f)	[hʏp'no:zə]
hipnotizar (vt)	hypnotisieren (vt)	[hʏpnoti'zi:ʀən]

67. Medicina. Drogas. Acessórios

medicamento (m)	Arznei (f)	[aʁts'naɪ]
remédio (m)	Heilmittel (n)	['haɪlˌmɪtəl]
receitar (vt)	verschreiben (vt)	[fɛɐ'ʃʀaɪbən]
receita (f)	Rezept (n)	[ʀe'tsɛpt]
comprimido (m)	Tablette (f)	[tab'letə]

pomada (f)	Salbe (f)	['zalbə]
ampola (f)	Ampulle (f)	[am'pʊlə]
preparado (m)	Mixtur (f)	[mɪks'tuːɐ]
xarope (m)	Sirup (m)	['ziːʀʊp]
cápsula (f)	Pille (f)	['pɪlə]
remédio (m) em pó	Pulver (n)	['pʊlfɐ]

ligadura (f)	Verband (m)	[fɛɐ'bant]
algodão (m)	Watte (f)	['vatə]
iodo (m)	Jod (n)	[joːt]

penso (m) rápido	Pflaster (n)	['pflastɐ]
conta-gotas (f)	Pipette (f)	[pi'pɛtə]
termómetro (m)	Thermometer (n)	[tɛʀmo'meːtɐ]
seringa (f)	Spritze (f)	['ʃpʀɪtsə]

cadeira (f) de rodas	Rollstuhl (m)	['ʀɔlˌʃtuːl]
muletas (f pl)	Krücken (pl)	['kʀʏkən]

analgésico (m)	Betäubungsmittel (n)	[bə'tɔɪbʊŋsˌmɪtəl]
laxante (m)	Abführmittel (n)	['apfyːɐˌmɪtəl]
álcool (m) etílico	Spiritus (m)	['spiːʀitʊs]
ervas (f pl) medicinais	Heilkraut (n)	['haɪlˌkʀaʊt]
de ervas (chá ~)	Kräuter-	['kʀɔɪtɐ]

APARTAMENTO

68. Apartamento

apartamento (m)	Wohnung (f)	['vo:nʊŋ]
quarto (m)	Zimmer (n)	['tsɪmɐ]
quarto (m) de dormir	Schlafzimmer (n)	['ʃlaːfˌtsɪmɐ]
sala (f) de jantar	Esszimmer (n)	['ɛsˌtsɪmɐ]
sala (f) de estar	Wohnzimmer (n)	['vo:nˌtsɪmɐ]
escritório (m)	Arbeitszimmer (n)	['aʁbaɪtsˌtsɪmɐ]
antessala (f)	Vorzimmer (n)	['foːɐˌtsɪmɐ]
quarto (m) de banho	Badezimmer (n)	['baːdəˌtsɪmɐ]
toilette (lavabo)	Toilette (f)	[toa'lɛtə]
teto (m)	Decke (f)	['dɛkə]
chão, soalho (m)	Fußboden (m)	['fuːsˌboːdən]
canto (m)	Ecke (f)	['ɛkə]

69. Mobiliário. Interior

mobiliário (m)	Möbel (n)	['møːbəl]
mesa (f)	Tisch (m)	[tɪʃ]
cadeira (f)	Stuhl (m)	[ʃtuːl]
cama (f)	Bett (n)	[bɛt]
divã (m)	Sofa (n)	['zoːfa]
cadeirão (m)	Sessel (m)	['zɛsəl]
estante (f)	Bücherschrank (m)	['byːçɐˌʃʁaŋk]
prateleira (f)	Regal (n)	[ʁeˈɡaːl]
guarda-vestidos (m)	Schrank (m)	[ʃʁaŋk]
cabide (m) de parede	Hakenleiste (f)	['haːkənˌlaɪstə]
cabide (m) de pé	Kleiderständer (m)	['klaɪdɐˌʃtɛndɐ]
cómoda (f)	Kommode (f)	[kɔ'moːdə]
mesinha (f) de centro	Couchtisch (m)	['kaʊtʃˌtɪʃ]
espelho (m)	Spiegel (m)	['ʃpiːɡəl]
tapete (m)	Teppich (m)	['tɛpɪç]
tapete (m) pequeno	Matte (f)	['matə]
lareira (f)	Kamin (m)	[ka'miːn]
vela (f)	Kerze (f)	['kɛʁtsə]
castiçal (m)	Kerzenleuchter (m)	['kɛʁtsənˌlɔɪçtɐ]
cortinas (f pl)	Vorhänge (pl)	['foːɐhɛŋə]
papel (m) de parede	Tapete (f)	[ta'peːtə]

estores (f pl)	Jalousie (f)	[ʒalu'zi:]
candeeiro (m) de mesa	Tischlampe (f)	['tɪʃˌlampə]
candeeiro (m) de parede	Leuchte (f)	['lɔɪçtə]
candeeiro (m) de pé	Stehlampe (f)	['ʃteːˌlampə]
lustre (m)	Kronleuchter (m)	['kʀoːnˌlɔɪçtɐ]
perna (da cadeira, etc.)	Bein (n)	[baɪn]
braço (m)	Armlehne (f)	['aʁmˌleːnə]
costas (f pl)	Lehne (f)	['leːnə]
gaveta (f)	Schublade (f)	['ʃuːpˌlaːdə]

70. Quarto de dormir

roupa (f) de cama	Bettwäsche (f)	['bɛtˌvɛʃə]
almofada (f)	Kissen (n)	['kɪsən]
fronha (f)	Kissenbezug (m)	['kɪsən·bəˌtsuːk]
cobertor (m)	Bettdecke (f)	['bɛtˌdɛkə]
lençol (m)	Laken (n)	['laːkən]
colcha (f)	Tagesdecke (f)	['taːgəsˌdɛkə]

71. Cozinha

cozinha (f)	Küche (f)	['kyçə]
gás (m)	Gas (n)	[gaːs]
fogão (m) a gás	Gasherd (m)	['gaːsˌheːɐt]
fogão (m) elétrico	Elektroherd (m)	[e'lɛktʀoˌheːɐt]
forno (m)	Backofen (m)	['bakˌʔoːfən]
forno (m) de micro-ondas	Mikrowellenherd (m)	['mikʀovɛlənˌheːɐt]
frigorífico (m)	Kühlschrank (m)	['kyːlʃʀaŋk]
congelador (m)	Tiefkühltruhe (f)	['tiːfkyːlˌtʀuːə]
máquina (f) de lavar louça	Geschirrspülmaschine (f)	[gə'ʃɪʁ·ʃpyːl·maˌʃiːnə]
moedor (m) de carne	Fleischwolf (m)	['flaɪʃvɔlf]
espremedor (m)	Saftpresse (f)	['zaftˌpʀɛsə]
torradeira (f)	Toaster (m)	['toːstɐ]
batedeira (f)	Mixer (m)	['mɪksɐ]
máquina (f) de café	Kaffeemaschine (f)	['kafe·maˌʃiːnə]
cafeteira (f)	Kaffeekanne (f)	['kafeˌkanə]
moinho (m) de café	Kaffeemühle (f)	['kafeˌmyːlə]
chaleira (f)	Wasserkessel (m)	['vasɐˌkɛsəl]
bule (m)	Teekanne (f)	['teːˌkanə]
tampa (f)	Deckel (m)	['dɛkəl]
coador (f) de chá	Teesieb (n)	['teːˌziːp]
colher (f)	Löffel (m)	['lœfəl]
colher (f) de chá	Teelöffel (m)	['teːˌlœfəl]
colher (f) de sopa	Esslöffel (m)	['ɛsˌlœfəl]
garfo (m)	Gabel (f)	[gaːbəl]
faca (f)	Messer (n)	['mɛsɐ]

louça (f)	Geschirr (n)	[gə'ʃɪʁ]
prato (m)	Teller (m)	['tɛlɐ]
pires (m)	Untertasse (f)	['ʊntɐˌtasə]

cálice (m)	Schnapsglas (n)	['ʃnapsˌglaːs]
copo (m)	Glas (n)	[glaːs]
chávena (f)	Tasse (f)	['tasə]

açucareiro (m)	Zuckerdose (f)	['tsʊkɐˌdoːzə]
saleiro (m)	Salzstreuer (m)	['zaltsˌʃtʀɔɪɐ]
pimenteiro (m)	Pfefferstreuer (m)	['pfɛfɐˌʃtʀɔɪɐ]
manteigueira (f)	Butterdose (f)	['bʊtɐˌdoːzə]

panela, caçarola (f)	Kochtopf (m)	['kɔxˌtɔpf]
frigideira (f)	Pfanne (f)	['pfanə]
concha (f)	Schöpflöffel (m)	['ʃœpfˌlœfəl]
passador (m)	Durchschlag (m)	['dʊʁçˌʃlaːk]
bandeja (f)	Tablett (n)	[ta'blɛt]

garrafa (f)	Flasche (f)	['flaʃə]
boião (m) de vidro	Einmachglas (n)	['aɪnmaxˌglaːs]
lata (f)	Dose (f)	['doːzə]

abre-garrafas (m)	Flaschenöffner (m)	['flaʃənˌʔœfnɐ]
abre-latas (m)	Dosenöffner (m)	['doːzənˌʔœfnɐ]
saca-rolhas (m)	Korkenzieher (m)	['kɔʁkənˌtsiːɐ]
filtro (m)	Filter (n)	['fɪltɐ]
filtrar (vt)	filtern (vt)	['fɪltɐn]

lixo (m)	Müll (m)	[mʏl]
balde (m) do lixo	Mülleimer (m)	['mʏlˌʔaɪmɐ]

72. Casa de banho

quarto (m) de banho	Badezimmer (n)	['baːdəˌtsɪmɐ]
água (f)	Wasser (n)	['vasɐ]
torneira (f)	Wasserhahn (m)	['vasɐˌhaːn]
água (f) quente	Warmwasser (n)	['vaʁmˌvasɐ]
água (f) fria	Kaltwasser (n)	['kaltˌvasɐ]

pasta (f) de dentes	Zahnpasta (f)	['tsaːnˌpasta]
escovar os dentes	Zähne putzen	['tsɛːnə 'pʊtsən]
escova (f) de dentes	Zahnbürste (f)	['tsaːnˌbʏʁstə]

barbear-se (vr)	sich rasieren	[zɪç ʀa'ziːʀən]
espuma (f) de barbear	Rasierschaum (m)	[ʀa'ziːɐˌʃaʊm]
máquina (f) de barbear	Rasierer (m)	[ʀa'ziːʀɐ]

lavar (vt)	waschen (vt)	['vaʃən]
lavar-se (vr)	sich waschen	[zɪç 'vaʃən]
duche (m)	Dusche (f)	['duːʃə]
tomar um duche	sich duschen	[zɪç 'duːʃən]
banheira (f)	Badewanne (f)	['baːdəˌvanə]
sanita (f)	Klosettbecken (n)	[klo'zɛtˌbɛkən]

lavatório (m)	**Waschbecken** (n)	[ˈvaʃˌbɛkən]
sabonete (m)	**Seife** (f)	[ˈzaɪfə]
saboneteira (f)	**Seifenschale** (f)	[ˈzaɪfənˌʃaːlə]
esponja (f)	**Schwamm** (m)	[ʃvam]
champô (m)	**Shampoo** (n)	[ˈʃampu]
toalha (f)	**Handtuch** (n)	[ˈhantˌtuːx]
roupão (m) de banho	**Bademantel** (m)	[ˈbaːdəˌmantəl]
lavagem (f)	**Wäsche** (f)	[ˈvɛʃə]
máquina (f) de lavar	**Waschmaschine** (f)	[ˈvaʃˌmaʃiːnə]
lavar a roupa	**waschen** (vt)	[ˈvaʃən]
detergente (m)	**Waschpulver** (n)	[ˈvaʃˌpʊlvɐ]

73. Eletrodomésticos

televisor (m)	**Fernseher** (m)	[ˈfɛʁnˌzeːɐ]
gravador (m)	**Tonbandgerät** (n)	[ˈtoːnbantˌɡəˌʁɛːt]
videogravador (m)	**Videorekorder** (m)	[ˈvideoˑʀeˌkɔʁdɐ]
rádio (m)	**Empfänger** (m)	[ɛmˈpfɛŋɐ]
leitor (m)	**Player** (m)	[ˈplɛɪɐ]
projetor (m)	**Videoprojektor** (m)	[ˈviːdeoˑpʀoˌjɛktoːɐ]
cinema (m) em casa	**Heimkino** (n)	[ˈhaɪmkiːno]
leitor (m) de DVD	**DVD-Player** (m)	[defaʊˈdeːˌplɛɪɐ]
amplificador (m)	**Verstärker** (m)	[fɛɐˈʃtɛʁkɐ]
console (f) de jogos	**Spielkonsole** (f)	[ˈʃpiːlˑkɔnˌzoːlə]
câmara (f) de vídeo	**Videokamera** (f)	[ˈviːdeoˌkaməʀa]
máquina (f) fotográfica	**Kamera** (f)	[ˈkaməʀa]
câmara (f) digital	**Digitalkamera** (f)	[digiˈtaːlˌkaməʀa]
aspirador (m)	**Staubsauger** (m)	[ˈʃtaʊpˌzaʊɡɐ]
ferro (m) de engomar	**Bügeleisen** (n)	[ˈbyːɡəlˌʔaɪzən]
tábua (f) de engomar	**Bügelbrett** (n)	[ˈbyːɡəlˌbʀɛt]
telefone (m)	**Telefon** (n)	[teleˈfoːn]
telemóvel (m)	**Mobiltelefon** (n)	[moˈbiːlˑteleˌfoːn]
máquina (f) de escrever	**Schreibmaschine** (f)	[ˈʃʀaɪpˑmaʃiːnə]
máquina (f) de costura	**Nähmaschine** (f)	[ˈnɛːˑmaʃiːnə]
microfone (m)	**Mikrophon** (n)	[mikʀoˈfoːn]
auscultadores (m pl)	**Kopfhörer** (m)	[ˈkɔpfˌhøːʀɐ]
controlo remoto (m)	**Fernbedienung** (f)	[ˈfɛʁnbəˌdiːnʊŋ]
CD (m)	**CD** (f)	[tseːˈdeː]
cassete (f)	**Kassette** (f)	[kaˈsɛtə]
disco (m) de vinil	**Schallplatte** (f)	[ˈʃalˌplatə]

A TERRA. TEMPO

74. Espaço sideral

cosmos (m)	Kosmos (m)	['kɔsmɔs]
cósmico	kosmisch, Raum-	['kɔsmɪʃ], ['ʀaʊm]
espaço (m) cósmico	Weltraum (m)	['vɛltʀaʊm]
mundo (m)	All (n)	[al]
universo (m)	Universum (n)	[uni'vɛʀzʊm]
galáxia (f)	Galaxie (f)	[gala'ksi:]
estrela (f)	Stern (m)	[ʃtɛʀn]
constelação (f)	Gestirn (n)	[gə'ʃtɪʀn]
planeta (m)	Planet (m)	[pla'ne:t]
satélite (m)	Satellit (m)	[zatɛ'li:t]
meteorito (m)	Meteorit (m)	[meteo'ʀi:t]
cometa (m)	Komet (m)	[ko'me:t]
asteroide (m)	Asteroid (m)	[asteʀo'i:t]
órbita (f)	Umlaufbahn (f)	['ʊmlaʊf‚ba:n]
girar (vi)	sich drehen	[zɪç 'dʀe:ən]
atmosfera (f)	Atmosphäre (f)	[ʔatmo'sfɛ:ʀə]
Sol (m)	Sonne (f)	['zɔnə]
Sistema (m) Solar	Sonnensystem (n)	['zɔnən-zʏs‚te:m]
eclipse (m) solar	Sonnenfinsternis (f)	['zɔnən‚fɪnstenɪs]
Terra (f)	Erde (f)	['e:ɐdə]
Lua (f)	Mond (m)	[mo:nt]
Marte (m)	Mars (m)	[maʀs]
Vénus (m)	Venus (f)	['ve:nʊs]
Júpiter (m)	Jupiter (m)	['ju:pitɐ]
Saturno (m)	Saturn (m)	[za'tʊʀn]
Mercúrio (m)	Merkur (m)	[mɛʀ'ku:ɐ]
Urano (m)	Uran (m)	[u'ʀa:n]
Neptuno (m)	Neptun (m)	[nɛp'tu:n]
Plutão (m)	Pluto (m)	['plu:to]
Via Láctea (f)	Milchstraße (f)	['mɪlç‚ʃtʀa:sə]
Ursa Maior (f)	Der Große Bär	[de:ɐ 'gʀo:sə bɛ:ɐ]
Estrela Polar (f)	Polarstern (m)	[po'la:ɐ‚ʃtɛʀn]
marciano (m)	Marsbewohner (m)	['maʀs-bə‚vo:nɐ]
extraterrestre (m)	Außerirdischer (m)	['aʊsɐ‚ʔɪʀdɪʃɐ]
alienígena (m)	außerirdisches Wesen (n)	['aʊsɐ‚ʔɪʀdɪʃəs 've:zən]
disco (m) voador	fliegende Untertasse (f)	['fli:gəndə 'ʊntɐ‚tasə]

nave (f) espacial	Raumschiff (n)	['ʀaʊmˌʃɪf]
estação (f) orbital	Raumstation (f)	['ʀaʊm·ʃtatsjoːn]
lançamento (m)	Raketenstart (m)	[ʀa'keːtənˌʃtaʁt]

motor (m)	Triebwerk (n)	['tʀiːpˌvɛʁk]
bocal (m)	Düse (f)	['dyːzə]
combustível (m)	Treibstoff (m)	['tʀaɪpˌʃtɔf]

cabine (f)	Kabine (f)	[ka'biːnə]
antena (f)	Antenne (f)	[an'tɛnə]
vigia (f)	Bullauge (n)	['bʊlˌʔaʊɡə]
bateria (f) solar	Sonnenbatterie (f)	['zɔnənˌbatə'ʀiː]
traje (m) espacial	Raumanzug (m)	['ʀaʊmˌʔantsuːk]

imponderabilidade (f)	Schwerelosigkeit (f)	['ʃveːʀəˌloːzɪçkaɪt]
oxigénio (m)	Sauerstoff (m)	['zaʊɐˌʃtɔf]

acoplagem (f)	Ankopplung (f)	['aŋkɔplʊŋ]
fazer uma acoplagem	koppeln (vi)	['kɔpəln]

observatório (m)	Observatorium (n)	[ɔpzɛʁva'toːʀiʊm]
telescópio (m)	Teleskop (n)	[tele'skoːp]
observar (vt)	beobachten (vt)	[bə'ʔoːbaχtən]
explorar (vt)	erforschen (vt)	[ɛɐ'fɔʁʃən]

75. A Terra

Terra (f)	Erde (f)	['eːɐdə]
globo terrestre (Terra)	Erdkugel (f)	['eːɐt·kuːɡəl]
planeta (m)	Planet (m)	[pla'neːt]

atmosfera (f)	Atmosphäre (f)	[ʔatmo'sfɛːʀə]
geografia (f)	Geographie (f)	[ˌɡeoɡʀa'fiː]
natureza (f)	Natur (f)	[na'tuːɐ]

globo (mapa esférico)	Globus (m)	['ɡloːbʊs]
mapa (m)	Landkarte (f)	['lantˌkaʁtə]
atlas (m)	Atlas (m)	['atlas]

Europa (f)	Europa (n)	[ɔɪ'ʀoːpa]
Ásia (f)	Asien (n)	['aːziən]

África (f)	Afrika (n)	['aːfʀika]
Austrália (f)	Australien (n)	[aʊs'tʀaːlɪən]

América (f)	Amerika (n)	[a'meːʀika]
América (f) do Norte	Nordamerika (n)	['nɔʁtʔaˌmeːʀika]
América (f) do Sul	Südamerika (n)	['zyːtʔa'meːʀika]

Antártida (f)	Antarktis (f)	[ant'ʔaʁktɪs]
Ártico (m)	Arktis (f)	['aʁktɪs]

76. Pontos cardeais

norte (m)	**Norden** (m)	['nɔʁdən]
para norte	**nach Norden**	[naːχ 'nɔʁdən]
no norte	**im Norden**	[ɪm 'nɔʁdən]
do norte	**nördlich**	['nœʁtlɪç]
sul (m)	**Süden** (m)	['zyːdən]
para sul	**nach Süden**	[naːχ 'zyːdən]
no sul	**im Süden**	[ɪm 'zyːdən]
do sul	**südlich**	['zyːtlɪç]
oeste, ocidente (m)	**Westen** (m)	['vɛstən]
para oeste	**nach Westen**	[naːχ 'vɛstən]
no oeste	**im Westen**	[ɪm 'vɛstən]
ocidental	**westlich, West-**	['vɛstlɪç], [vɛst]
leste, oriente (m)	**Osten** (m)	['ɔstən]
para leste	**nach Osten**	[naːχ 'ɔstən]
no leste	**im Osten**	[ɪm 'ɔstən]
oriental	**östlich**	['œstlɪç]

77. Mar. Oceano

mar (m)	**Meer** (n), **See** (f)	[meːɐ], [zeː]
oceano (m)	**Ozean** (m)	['oːtseaːn]
golfo (m)	**Golf** (m)	[gɔlf]
estreito (m)	**Meerenge** (f)	['meːɐˌʔɛŋə]
terra (f) firme	**Festland** (n)	['fɛstˌlant]
continente (m)	**Kontinent** (m)	['kɔntinɛnt]
ilha (f)	**Insel** (f)	['ɪnzəl]
península (f)	**Halbinsel** (f)	['halpˌʔɪnzəl]
arquipélago (m)	**Archipel** (m)	[ˌaʁçi'peːl]
baía (f)	**Bucht** (f)	[buχt]
porto (m)	**Hafen** (m)	['haːfən]
lagoa (f)	**Lagune** (f)	[la'guːnə]
cabo (m)	**Kap** (n)	[kap]
atol (m)	**Atoll** (n)	[a'tɔl]
recife (m)	**Riff** (n)	[ʀɪf]
coral (m)	**Koralle** (f)	[ko'ʀalə]
recife (m) de coral	**Korallenriff** (n)	[ko'ʀalənˌʀɪf]
profundo	**tief**	[tiːf]
profundidade (f)	**Tiefe** (f)	['tiːfə]
abismo (m)	**Abgrund** (m)	['apˌgʀʊnt]
fossa (f) oceânica	**Graben** (m)	['gʀaːbən]
corrente (f)	**Strom** (m)	[ʃtʀoːm]
banhar (vt)	**umspülen** (vt)	['ʊmʃpyːlən]
litoral (m)	**Ufer** (n)	['uːfɐ]

costa (f)	Küste (f)	['kʏstə]
maré (f) alta	Flut (f)	[fluːt]
maré (f) baixa	Ebbe (f)	['ɛbə]
restinga (f)	Sandbank (f)	['zant̩baŋk]
fundo (m)	Boden (m)	['boːdən]
onda (f)	Welle (f)	['vɛlə]
crista (f) da onda	Wellenkamm (m)	['vɛlən̩kam]
espuma (f)	Schaum (m)	[ʃaʊm]
tempestade (f)	Sturm (m)	[ʃtʊʁm]
furacão (m)	Orkan (m)	[ɔʁ'kaːn]
tsunami (m)	Tsunami (m)	[tsu'naːmi]
calmaria (f)	Windstille (f)	['vɪntʃtɪlə]
calmo	ruhig	['ʁuːɪç]
polo (m)	Pol (m)	[poːl]
polar	Polar-	[po'laːɐ]
latitude (f)	Breite (f)	['bʁaɪtə]
longitude (f)	Länge (f)	['lɛŋə]
paralela (f)	Breitenkreis (m)	['bʁaɪtəən·kʁaɪs]
equador (m)	Äquator (m)	[ɛ'kvaːtoːɐ]
céu (m)	Himmel (m)	['hɪməl]
horizonte (m)	Horizont (m)	[hoʁi'tsɔnt]
ar (m)	Luft (f)	[lʊft]
farol (m)	Leuchtturm (m)	['lɔɪçt̩tʊʁm]
mergulhar (vi)	tauchen (vi)	['taʊxən]
afundar-se (vr)	versinken (vi)	[fɛɐ'zɪŋkən]
tesouros (m pl)	Schätze (pl)	['ʃɛtsə]

78. Nomes de Mares e Oceanos

Oceano (m) Atlântico	Atlantischer Ozean (m)	[at̩lantɪʃɐ 'oːtseaːn]
Oceano (m) Índico	Indischer Ozean (m)	['ɪndɪʃɐ 'oːtseaːn]
Oceano (m) Pacífico	Pazifischer Ozean (m)	[pa'tsiːfɪʃɐ 'oːtseaːn]
Oceano (m) Ártico	Arktischer Ozean (m)	['aʁktɪʃɐ 'oːtseaːn]
Mar (m) Negro	Schwarzes Meer (n)	['ʃvaʁtsəs 'meːɐ]
Mar (m) Vermelho	Rotes Meer (n)	['ʁoːtəs 'meːɐ]
Mar (m) Amarelo	Gelbes Meer (n)	['gɛlbəs 'meːɐ]
Mar (m) Branco	Weißes Meer (n)	[vaɪsəs 'meːɐ]
Mar (m) Cáspio	Kaspisches Meer (n)	['kaspɪʃəs meːɐ]
Mar (m) Morto	Totes Meer (n)	['toːtəs meːɐ]
Mar (m) Mediterrâneo	Mittelmeer (n)	['mɪtəl̩meːɐ]
Mar (m) Egeu	Ägäisches Meer (n)	[ɛ'gɛːɪʃəs 'meːɐ]
Mar (m) Adriático	Adriatisches Meer (n)	[adʁi'aːtɪʃəs 'meːɐ]
Mar (m) Arábico	Arabisches Meer (n)	[a'ʁaːbɪʃəs 'meːɐ]
Mar (m) do Japão	Japanisches Meer (n)	[ja'paːnɪʃəs meːɐ]

Mar (m) de Bering	Beringmeer (n)	['beːʀɪŋˌmeːɐ]
Mar (m) da China Meridional	Südchinesisches Meer (n)	['zyːt-çi'neːzɪʃəs meːɐ]
Mar (m) de Coral	Korallenmeer (n)	[ko'ʀalənˌmeːɐ]
Mar (m) de Tasman	Tasmansee (f)	[tas'maːn-zeː]
Mar (m) do Caribe	Karibisches Meer (n)	[ka'ʀiːbɪʃəs 'meːɐ]
Mar (m) de Barents	Barentssee (f)	['baːʀənts-zeː]
Mar (m) de Kara	Karasee (f)	['kaʀaˌzeː]
Mar (m) do Norte	Nordsee (f)	['nɔʀtˌzeː]
Mar (m) Báltico	Ostsee (f)	['ɔstzeː]
Mar (m) da Noruega	Nordmeer (n)	['nɔʀtˌmeːɐ]

79. Montanhas

montanha (f)	Berg (m)	[bɛʀk]
cordilheira (f)	Gebirgskette (f)	[gə'bɪʀksˌkɛtə]
serra (f)	Bergrücken (m)	['bɛʀkˌʀʏkən]
cume (m)	Gipfel (m)	['gɪpfəl]
pico (m)	Spitze (f)	['ʃpɪtsə]
sopé (m)	Bergfuß (m)	['bɛʀkˌfuːs]
declive (m)	Abhang (m)	['apˌhaŋ]
vulcão (m)	Vulkan (m)	[vʊl'kaːn]
vulcão (m) ativo	tätiger Vulkan (m)	['tɛːtɪgɐ vʊl'kaːn]
vulcão (m) extinto	schlafender Vulkan (m)	['ʃlaːfəndɐ vʊl'kaːn]
erupção (f)	Ausbruch (m)	['aʊsˌbʀʊx]
cratera (f)	Krater (m)	['kʀaːtɐ]
magma (m)	Magma (n)	['magma]
lava (f)	Lava (f)	['laːva]
fundido (lava ~a)	glühend heiß	['glyːənt 'haɪs]
desfiladeiro (m)	Cañon (m)	[ka'njɔn]
garganta (f)	Schlucht (f)	[ʃlʊxt]
fenda (f)	Spalte (f)	['ʃpaltə]
precipício (m)	Abgrund (m)	['apˌgʀʊnt]
passo, colo (m)	Gebirgspass (m)	[gə'bɪʀksˌpas]
planalto (m)	Plateau (n)	[pla'toː]
falésia (f)	Fels (m)	[fɛls]
colina (f)	Hügel (m)	['hyːgəl]
glaciar (m)	Gletscher (m)	['glɛtʃɐ]
queda (f) d'água	Wasserfall (m)	['vasɐˌfal]
géiser (m)	Geiser (m)	['gaɪzɐ]
lago (m)	See (m)	[zeː]
planície (f)	Ebene (f)	['eːbənə]
paisagem (f)	Landschaft (f)	['lantʃaft]
eco (m)	Echo (n)	['ɛço]
alpinista (m)	Bergsteiger (m)	['bɛʀkˌʃtaɪgɐ]

escalador (m)	Kletterer (m)	['klɛtəʀɐ]
conquistar (vt)	bezwingen (vt)	[bə'tsvɪŋən]
subida, escalada (f)	Aufstieg (m)	['aʊfˌʃtiːk]

80. Nomes de montanhas

Alpes (m pl)	Alpen (pl)	['alpən]
monte Branco (m)	Montblanc (m)	[moŋ'blaŋ]
Pirineus (m pl)	Pyrenäen (pl)	[pyʀe'nɛːən]
Cárpatos (m pl)	Karpaten (pl)	[kaʁ'paːtən]
montes (m pl) Urais	Ural (m), Uralgebirge (n)	[u'ʀaːl], [u'ʀaːl·gə'bɪʁgə]
Cáucaso (m)	Kaukasus (m)	['kaʊkazʊs]
Elbrus (m)	Elbrus (m)	[ɛl'bʀʊs]
Altai (m)	Altai (m)	[al'taɪ]
Tian Shan (m)	Tian Shan (m)	['tjaːn 'ʃaːn]
Pamir (m)	Pamir (m)	[pa'miːɐ]
Himalaias (m pl)	Himalaja (m)	[himaˈlaːja]
monte (m) Everest	Everest (m)	['ɛvəʀɛst]
Cordilheira (f) dos Andes	Anden (pl)	['andən]
Kilimanjaro (m)	Kilimandscharo (m)	[kiliman'dʒaːʀo]

81. Rios

rio (m)	Fluss (m)	[flʊs]
fonte, nascente (f)	Quelle (f)	['kvɛlə]
leito (m) do rio	Flussbett (n)	['flʊsˌbɛt]
bacia (f)	Stromgebiet (n)	['ʃtʀoːmˌgə'biːt]
desaguar no ...	einmünden in ...	['aɪnˌmʏndən ɪn]
afluente (m)	Nebenfluss (m)	['neːbənˌflʊs]
margem (do rio)	Ufer (n)	['uːfɐ]
corrente (f)	Strom (m)	[ʃtʀoːm]
rio abaixo	stromabwärts	['ʃtʀoːmˌapvɛʁts]
rio acima	stromaufwärts	['ʃtʀoːmˌaʊfvɛʁts]
inundação (f)	Überschwemmung (f)	[yːbɐ'ʃvɛmʊŋ]
cheia (f)	Hochwasser (n)	['hoːxˌvasɐ]
transbordar (vi)	aus den Ufern treten	['aʊs den 'uːfɐn 'tʀeːtən]
inundar (vt)	überfluten (vt)	[ˌyːbɐ'fluːtən]
baixio (m)	Sandbank (f)	['zantˌbaŋk]
rápidos (m pl)	Stromschnelle (f)	['ʃtʀoːmˌʃnɛlə]
barragem (f)	Damm (m)	[dam]
canal (m)	Kanal (m)	[ka'naːl]
reservatório (m) de água	Stausee (m)	['ʃtaʊzeː]
eclusa (f)	Schleuse (f)	['ʃlɔɪzə]
corpo (m) de água	Gewässer (n)	[gə'vɛsɐ]

pântano (m)	Sumpf (m), Moor (n)	[zʊmpf], [moːɐ]
tremedal (m)	Marsch (f)	[maʁʃ]
remoinho (m)	Strudel (m)	[ˈʃtʀuːdəl]

arroio, regato (m)	Bach (m)	[bax]
potável	Trink-	[ˈtʀɪŋk]
doce (água)	Süß-	[zyːs]

| gelo (m) | Eis (n) | [aɪs] |
| congelar-se (vr) | zufrieren (vi) | [ˈtsuːˌfʀiːʀən] |

82. Nomes de rios

| rio Sena (m) | Seine (f) | [ˈzɛːnə] |
| rio Loire (m) | Loire (f) | [luˈaːʀ] |

rio Tamisa (m)	Themse (f)	[ˈtɛmzə]
rio Reno (m)	Rhein (m)	[ʀaɪn]
rio Danúbio (m)	Donau (f)	[ˈdoːnaʊ]

rio Volga (m)	Wolga (f)	[ˈvoːlga]
rio Don (m)	Don (m)	[dɔn]
rio Lena (m)	Lena (f)	[ˈleːna]

rio Amarelo (m)	Gelber Fluss (m)	[ˈgɛlbɐ ˈflʊs]
rio Yangtzé (m)	Jangtse (m)	[ˈjangtsɛ]
rio Mekong (m)	Mekong (m)	[ˈmeːkɔŋ]
rio Ganges (m)	Ganges (m)	[ˈgaŋgɛs], [ˈgaŋəs]

rio Nilo (m)	Nil (m)	[niːl]
rio Congo (m)	Kongo (m)	[ˈkɔŋgo]
rio Cubango (m)	Okavango (m)	[ɔkaˈvaŋgo]
rio Zambeze (m)	Sambesi (m)	[zamˈbeːzi]
rio Limpopo (m)	Limpopo (m)	[limpɔˈpo]
rio Mississípi (m)	Mississippi (m)	[mɪsɪˈsɪpi]

83. Floresta

| floresta (f), bosque (m) | Wald (m) | [valt] |
| florestal | Wald- | [ˈvalt] |

mata (f) cerrada	Dickicht (n)	[ˈdɪkɪçt]
arvoredo (m)	Gehölz (n)	[gəˈhœlts]
clareira (f)	Lichtung (f)	[ˈlɪçtʊŋ]

| matagal (f) | Dickicht (n) | [ˈdɪkɪçt] |
| mato (m) | Gebüsch (n) | [gəˈbyʃ] |

vereda (f)	Fußweg (m)	[ˈfuːsˌveːk]
ravina (f)	Erosionsrinne (f)	[eʀoˈzɪoːnsˈʀɪnə]
árvore (f)	Baum (m)	[baʊm]
folha (f)	Blatt (n)	[blat]

folhagem (f)	Laub (n)	[laʊp]
queda (f) das folha	Laubfall (m)	['laʊpˌfal]
cair (vi)	fallen (vi)	['falən]
topo (m)	Wipfel (m)	['vɪpfəl]
ramo (m)	Zweig (m)	[tsvaɪk]
galho (m)	Ast (m)	[ast]
botão, rebento (m)	Knospe (f)	['knɔspə]
agulha (f)	Nadel (f)	['naːdəl]
pinha (f)	Zapfen (m)	['tsapfən]
buraco (m) de árvore	Höhlung (f)	['høːˌlʊŋ]
ninho (m)	Nest (n)	[nɛst]
toca (f)	Höhle (f)	['høːlə]
tronco (m)	Stamm (m)	[ʃtam]
raiz (f)	Wurzel (f)	['vʊʁtsəl]
casca (f) de árvore	Rinde (f)	['ʁɪndə]
musgo (m)	Moos (n)	['moːs]
arrancar pela raiz	entwurzeln (vt)	[ɛnt'vʊʁtsəln]
cortar (vt)	fällen (vt)	['fɛlən]
desflorestar (vt)	abholzen (vt)	['apˌhɔltsən]
toco, cepo (m)	Baumstumpf (m)	['baʊmʃtʊmpf]
fogueira (f)	Lagerfeuer (n)	['laːgəˌfɔɪɐ]
incêndio (m) florestal	Waldbrand (m)	['valtˌbʁant]
apagar (vt)	löschen (vt)	['lœʃən]
guarda-florestal (m)	Förster (m)	['fœʁstɐ]
proteção (f)	Schutz (m)	[ʃʊts]
proteger (a natureza)	beschützen (vt)	[bə'ʃʏtsən]
caçador (m) furtivo	Wilddieb (m)	['vɪltˌdiːp]
armadilha (f)	Falle (f)	['falə]
colher (cogumelos)	sammeln (vt)	['zamɛln]
colher (bagas)	pflücken (vt)	['pflʏkən]
perder-se (vr)	sich verirren	[zɪç fɛɐ̯'ʔɪʁən]

84. Recursos naturais

recursos (m pl) naturais	Naturressourcen (pl)	[naˈtuːɐ̯·ʁɛˈsʊʁsən]
minerais (m pl)	Bodenschätze (pl)	['boːdənˌʃɛtsə]
depósitos (m pl)	Vorkommen (n)	['foːɐ̯ˌkɔmən]
jazida (f)	Feld (n)	[fɛlt]
extrair (vt)	gewinnen (vt)	[gə'vɪnən]
extração (f)	Gewinnung (f)	[gə'vɪnʊŋ]
minério (m)	Erz (n)	[eːɐ̯ts]
mina (f)	Bergwerk (n)	['bɛʁkˌvɛʁk]
poço (m) de mina	Schacht (m)	[ʃaχt]
mineiro (m)	Bergarbeiter (m)	['bɛʁkʔaʁˌbaɪtɐ]
gás (m)	Erdgas (n)	['eːɐ̯t·gaːs]
gasoduto (m)	Gasleitung (f)	['gaːsˌlaɪtʊŋ]

petróleo (m)	Erdöl (n)	['eːɐtˌʔøːl]
oleoduto (m)	Erdölleitung (f)	['eːɐtʔøːlˌlaɪtʊŋ]
poço (m) de petróleo	Ölquelle (f)	['øːlˌkvɛlə]
torre (f) petrolífera	Bohrturm (m)	['boːɐˌtʊʁm]
petroleiro (m)	Tanker (m)	['taŋkɐ]
areia (f)	Sand (m)	[zant]
calcário (m)	Kalkstein (m)	['kalkˌʃtaɪn]
cascalho (m)	Kies (m)	[kiːs]
turfa (f)	Torf (m)	[tɔʁf]
argila (f)	Ton (m)	[toːn]
carvão (m)	Kohle (f)	['koːlə]
ferro (m)	Eisen (n)	['aɪzən]
ouro (m)	Gold (n)	[gɔlt]
prata (f)	Silber (n)	['zɪlbɐ]
níquel (m)	Nickel (n)	['nɪkəl]
cobre (m)	Kupfer (n)	['kʊpfɐ]
zinco (m)	Zink (n)	[tsɪŋk]
manganês (m)	Mangan (n)	[maŋ'gaːn]
mercúrio (m)	Quecksilber (n)	['kvɛkˌzɪlbɐ]
chumbo (m)	Blei (n)	[blaɪ]
mineral (m)	Mineral (n)	[mɪne'ʁaːl]
cristal (m)	Kristall (m)	[kʁɪs'tal]
mármore (m)	Marmor (m)	['maʁmoːɐ]
urânio (m)	Uran (n)	[u'ʁaːn]

85. Tempo

tempo (m)	Wetter (n)	['vɛtɐ]
previsão (f) do tempo	Wetterbericht (m)	['vɛtɐbəˌʁɪçt]
temperatura (f)	Temperatur (f)	[tɛmpəʁa'tuːɐ]
termómetro (m)	Thermometer (n)	[tɛʁmo'meːtɐ]
barómetro (m)	Barometer (n)	[baʁo'meːtɐ]
húmido	feucht	[fɔɪçt]
humidade (f)	Feuchtigkeit (f)	['fɔɪçtɪçkaɪt]
calor (m)	Hitze (f)	['hɪtsə]
cálido	glutheiß	['gluːtˌhaɪs]
está muito calor	ist heiß	[ist haɪs]
está calor	ist warm	[ist vaʁm]
quente	warm	[vaʁm]
está frio	ist kalt	[ist kalt]
frio	kalt	[kalt]
sol (m)	Sonne (f)	['zɔnə]
brilhar (vi)	scheinen (vi)	['ʃaɪnən]
de sol, ensolarado	sonnig	['zɔnɪç]
nascer (vi)	aufgehen (vi)	['aʊfˌgeːən]
pôr-se (vr)	untergehen (vi)	['ʊntɐˌgeːən]

nuvem (f)	**Wolke** (f)	['vɔlkə]
nublado	**bewölkt**	[bə'vœlkt]
nuvem (f) preta	**Regenwolke** (f)	['ʀeːgənˌvɔlkə]
escuro, cinzento	**trüb**	[tʀyːp]
chuva (f)	**Regen** (m)	['ʀeːgən]
está a chover	**Es regnet**	[ɛs 'ʀeːgnət]
chuvoso	**regnerisch**	['ʀeːgnəʀɪʃ]
chuviscar (vi)	**nieseln** (vi)	['niːzəln]
chuva (f) torrencial	**strömender Regen** (m)	['ʃtʀøːməntdə 'ʀeːgən]
chuvada (f)	**Regenschauer** (m)	['ʀeːgənˌʃaʊɐ]
forte (chuva)	**stark**	[ʃtaʀk]
poça (f)	**Pfütze** (f)	['pfʏtsə]
molhar-se (vr)	**nass werden** (vi)	[nas 'veːɐdən]
nevoeiro (m)	**Nebel** (m)	['neːbəl]
de nevoeiro	**neblig**	['neːblɪç]
neve (f)	**Schnee** (m)	[ʃneː]
está a nevar	**Es schneit**	[ɛs 'ʃnaɪt]

86. Tempo extremo. Catástrofes naturais

trovoada (f)	**Gewitter** (n)	[gə'vɪtɐ]
relâmpago (m)	**Blitz** (m)	[blɪts]
relampejar (vi)	**blitzen** (vi)	['blɪtsən]
trovão (m)	**Donner** (m)	['dɔnɐ]
trovejar (vi)	**donnern** (vi)	['dɔnɐn]
está a trovejar	**Es donnert**	[ɛs 'dɔnɐt]
granizo (m)	**Hagel** (m)	['haːgəl]
está a cair granizo	**Es hagelt**	[ɛs 'haːgəlt]
inundar (vt)	**überfluten** (vt)	[ˌyːbɐ'fluːtən]
inundação (f)	**Überschwemmung** (f)	[yːbɐ'ʃvɛmʊŋ]
terremoto (m)	**Erdbeben** (n)	['eːɐtˌbeːbən]
abalo, tremor (m)	**Erschütterung** (f)	[ɛɐ'ʃʏtəʀʊŋ]
epicentro (m)	**Epizentrum** (n)	[ˌepi'tsɛntʀʊm]
erupção (f)	**Ausbruch** (m)	['aʊsˌbʀʊx]
lava (f)	**Lava** (f)	['laːva]
turbilhão (m)	**Wirbelsturm** (m)	['vɪʀbəlˌʃtʊʀm]
tornado (m)	**Tornado** (m)	[tɔʀ'naːdo]
tufão (m)	**Taifun** (m)	[taɪ'fuːn]
furacão (m)	**Orkan** (m)	[ɔʀ'kaːn]
tempestade (f)	**Sturm** (m)	[ʃtʊʀm]
tsunami (m)	**Tsunami** (m)	[tsu'naːmi]
ciclone (m)	**Zyklon** (m)	[tsy'kloːn]
mau tempo (m)	**Unwetter** (n)	['ʊnˌvɛtɐ]

incêndio (m)	**Brand** (m)	[bʀant]
catástrofe (f)	**Katastrophe** (f)	[ˌkatasˈtʀoːfə]
meteorito (m)	**Meteorit** (m)	[meteoˈʀiːt]
avalanche (f)	**Lawine** (f)	[laˈviːnə]
deslizamento (m) de neve	**Schneelawine** (f)	[ˈʃneːlaˌviːnə]
nevasca (f)	**Schneegestöber** (n)	[ˈʃneːgəˌʃtøːbɐ]
tempestade (f) de neve	**Schneesturm** (m)	[ˈʃneːˌʃtʊʀm]

FAUNA

87. Mamíferos. Predadores

predador (m)	Raubtier (n)	['ʀaʊptiːɐ]
tigre (m)	Tiger (m)	['tiːgɐ]
leão (m)	Löwe (m)	['løːvə]
lobo (m)	Wolf (m)	[vɔlf]
raposa (f)	Fuchs (m)	[fʊks]
jaguar (m)	Jaguar (m)	['jaːguaːɐ]
leopardo (m)	Leopard (m)	[leo'paʀt]
chita (f)	Gepard (m)	[ge'paʀt]
pantera (f)	Panther (m)	['pantɐ]
puma (m)	Puma (m)	['puːma]
leopardo-das-neves (m)	Schneeleopard (m)	['ʃneːleo‚paʀt]
lince (m)	Luchs (m)	[lʊks]
coiote (m)	Kojote (m)	[kɔ'joːtə]
chacal (m)	Schakal (m)	[ʃa'kaːl]
hiena (f)	Hyäne (f)	['hyɛːnə]

88. Animais selvagens

animal (m)	Tier (n)	[tiːɐ]
besta (f)	Bestie (f)	['bɛstɪə]
esquilo (m)	Eichhörnchen (n)	['aɪç‚hœʀnçən]
ouriço (m)	Igel (m)	['iːgəl]
lebre (f)	Hase (m)	['haːzə]
coelho (m)	Kaninchen (n)	[ka'niːnçən]
texugo (m)	Dachs (m)	[daks]
guaxinim (m)	Waschbär (m)	['vaʃ‚bɛːɐ]
hamster (m)	Hamster (m)	['hamstɐ]
marmota (f)	Murmeltier (n)	['mʊʀməl‚tiːɐ]
toupeira (f)	Maulwurf (m)	['maʊl‚vʊʀf]
rato (m)	Maus (f)	[maʊs]
ratazana (f)	Ratte (f)	['ʀatə]
morcego (m)	Fledermaus (f)	['fleːdɐ‚maʊs]
arminho (m)	Hermelin (n)	[hɛʀmə'liːn]
zibelina (f)	Zobel (m)	['tsoːbəl]
marta (f)	Marder (m)	['maʀdɐ]
doninha (f)	Wiesel (n)	['viːzəl]
vison (m)	Nerz (m)	[nɛʀts]

castor (m)	Biber (m)	['bi:bɐ]
lontra (f)	Fischotter (m)	['fɪʃˌʔɔtɐ]
cavalo (m)	Pferd (n)	[pfeːɐt]
alce (m) americano	Elch (m)	[ɛlç]
veado (m)	Hirsch (m)	[hɪʁʃ]
camelo (m)	Kamel (n)	[ka'meːl]
bisão (m)	Bison (m)	['biːzɔn]
auroque (m)	Wisent (m)	['viːzɛnt]
búfalo (m)	Büffel (m)	['bʏfəl]
zebra (f)	Zebra (n)	['tseːbʁa]
antílope (m)	Antilope (f)	[anti'loːpə]
corça (f)	Reh (n)	[ʁeː]
gamo (m)	Damhirsch (m)	['damhɪʁʃ]
camurça (f)	Gämse (f)	['gɛmzə]
javali (m)	Wildschwein (n)	['vɪltʃvaɪn]
baleia (f)	Wal (m)	[vaːl]
foca (f)	Seehund (m)	['zeːˌhʊnt]
morsa (f)	Walroß (n)	['vaːlˌʁɔs]
urso-marinho (m)	Seebär (m)	['zeːˌbɛːɐ]
golfinho (m)	Delfin (m)	[dɛl'fiːn]
urso (m)	Bär (m)	[bɛːɐ]
urso (m) branco	Eisbär (m)	['aɪsˌbɛːɐ]
panda (m)	Panda (m)	['panda]
macaco (em geral)	Affe (m)	['afə]
chimpanzé (m)	Schimpanse (m)	[ʃɪm'panzə]
orangotango (m)	Orang-Utan (m)	['oːʁaŋˌʔuːtan]
gorila (m)	Gorilla (m)	[go'ʁɪla]
macaco (m)	Makak (m)	[ma'kak]
gibão (m)	Gibbon (m)	['gɪbɔn]
elefante (m)	Elefant (m)	[ele'fant]
rinoceronte (m)	Nashorn (n)	['naːsˌhɔʁn]
girafa (f)	Giraffe (f)	[ˌgi'ʁafə]
hipopótamo (m)	Flusspferd (n)	['flʊsˌpfeːɐt]
canguru (m)	Känguru (n)	['kɛŋguʁu]
coala (m)	Koala (m)	[ko'aːla]
mangusto (m)	Manguste (f)	[maŋ'gʊstə]
chinchila (f)	Chinchilla (n)	[tʃɪn'tʃɪla]
doninha-fedorenta (f)	Stinktier (n)	['ʃtɪŋkˌtiːɐ]
porco-espinho (m)	Stachelschwein (n)	['ʃtaχəlʃvaɪn]

89. Animais domésticos

gata (f)	Katze (f)	['katsə]
gato (m) macho	Kater (m)	['kaːtɐ]
cão (m)	Hund (m)	[hʊnt]

cavalo (m)	Pferd (n)	[pfeːɐt]
garanhão (m)	Hengst (m)	['hɛŋst]
égua (f)	Stute (f)	['ʃtuːtə]

vaca (f)	Kuh (f)	[kuː]
touro (m)	Stier (m)	[ʃtiːɐ]
boi (m)	Ochse (m)	['ɔksə]

ovelha (f)	Schaf (n)	[ʃaːf]
carneiro (m)	Widder (m)	['vɪdɐ]
cabra (f)	Ziege (f)	['tsiːgə]
bode (m)	Ziegenbock (m)	['tsiːgənˌbɔk]

burro (m)	Esel (m)	['eːzəl]
mula (f)	Maultier (n)	['maʊlˌtiːɐ]

porco (m)	Schwein (n)	[ʃvaɪn]
porquinho (m)	Ferkel (n)	['fɛʁkəl]
coelho (m)	Kaninchen (n)	[kaˈniːnçən]

galinha (f)	Huhn (n)	[huːn]
galo (m)	Hahn (m)	[haːn]

pato (m), pata (f)	Ente (f)	['ɛntə]
pato (macho)	Enterich (m)	['ɛntəʁɪç]
ganso (m)	Gans (f)	[gans]

peru (m)	Puter (m)	['puːtɐ]
perua (f)	Pute (f)	['puːtə]

animais (m pl) domésticos	Haustiere (pl)	['haʊsˌtiːʁə]
domesticado	zahm	[tsaːm]
domesticar (vt)	zähmen (vt)	['tsɛːmən]
criar (vt)	züchten (vt)	['tsʏçtən]

quinta (f)	Farm (f)	[faʁm]
aves (f pl) domésticas	Geflügel (n)	[gə'flyːgəl]
gado (m)	Vieh (n)	[fiː]
rebanho (m), manada (f)	Herde (f)	['heːɐdə]

estábulo (m)	Pferdestall (m)	['pfeːɐdəˌʃtal]
pocilga (f)	Schweinestall (m)	['ʃvaɪnəˌʃtal]
estábulo (m)	Kuhstall (m)	['kuːˌʃtal]
coelheira (f)	Kaninchenstall (m)	[kaˈniːnçənˌʃtal]
galinheiro (m)	Hühnerstall (m)	['hyːnɐˌʃtal]

90. Pássaros

pássaro, ave (m)	Vogel (m)	['foːgəl]
pombo (m)	Taube (f)	['taʊbə]
pardal (m)	Spatz (m)	[ʃpats]
chapim-real (m)	Meise (f)	['maɪzə]
pega-rabuda (f)	Elster (f)	['ɛlstɐ]
corvo (m)	Rabe (m)	['ʁaːbə]

gralha (f) cinzenta	Krähe (f)	['kʀɛːə]
gralha-de-nuca-cinzenta (f)	Dohle (f)	['doːlə]
gralha-calva (f)	Saatkrähe (f)	['zaːtˌkʀɛːə]
pato (m)	Ente (f)	['ɛntə]
ganso (m)	Gans (f)	[gans]
faisão (m)	Fasan (m)	[faˈzaːn]
águia (f)	Adler (m)	['aːdlɐ]
açor (m)	Habicht (m)	['haːbɪçt]
falcão (m)	Falke (m)	['falkə]
abutre (m)	Greif (m)	[gʀaɪf]
condor (m)	Kondor (m)	['kɔndoːɐ]
cisne (m)	Schwan (m)	[ʃvaːn]
grou (m)	Kranich (m)	['kʀaːnɪç]
cegonha (f)	Storch (m)	[ʃtɔʁç]
papagaio (m)	Papagei (m)	[papaˈgaɪ]
beija-flor (m)	Kolibri (m)	['koːlibʀi]
pavão (m)	Pfau (m)	[pfaʊ]
avestruz (f)	Strauß (m)	[ʃtʀaʊs]
garça (f)	Reiher (m)	['ʀaɪɐ]
flamingo (m)	Flamingo (m)	[flaˈmɪŋgo]
pelicano (m)	Pelikan (m)	['peːlikaːn]
rouxinol (m)	Nachtigall (f)	['naχtɪgal]
andorinha (f)	Schwalbe (f)	['ʃvalbə]
tordo-zornal (m)	Drossel (f)	['dʀɔsəl]
tordo-músico (m)	Singdrossel (f)	['zɪŋˌdʀɔsəl]
melro-preto (m)	Amsel (f)	['amzəl]
andorinhão (m)	Segler (m)	['zeːglɐ]
cotovia (f)	Lerche (f)	['lɛʁçə]
codorna (f)	Wachtel (f)	['vaχtəl]
pica-pau (m)	Specht (m)	[ʃpɛçt]
cuco (m)	Kuckuck (m)	['kʊkʊk]
coruja (f)	Eule (f)	['ɔɪlə]
corujão, bufo (m)	Uhu (m)	['uːhu]
tetraz-grande (m)	Auerhahn (m)	['aʊɐˌhaːn]
tetraz-lira (m)	Birkhahn (m)	['bɪʁkˌhaːn]
perdiz-cinzenta (f)	Rebhuhn (n)	['ʀeːpˌhuːn]
estorninho (m)	Star (m)	[ʃtaːɐ]
canário (m)	Kanarienvogel (m)	[kaˈnaːʀiənˌfoːgəl]
galinha-do-mato (f)	Haselhuhn (n)	['haːzəlˌhuːn]
tentilhão (m)	Buchfink (m)	['buːχfɪŋk]
dom-fafe (m)	Gimpel (m)	['gɪmpəl]
gaivota (f)	Möwe (f)	['møːvə]
albatroz (m)	Albatros (m)	['albatʀɔs]
pinguim (m)	Pinguin (m)	['pɪŋguiːn]

91. Peixes. Animais marinhos

brema (f)	**Brachse** (f)	['bʀaksə]
carpa (f)	**Karpfen** (m)	['kaʁpfən]
perca (f)	**Barsch** (m)	[baʁʃ]
siluro (m)	**Wels** (m)	[vɛls]
lúcio (m)	**Hecht** (m)	[hɛçt]
salmão (m)	**Lachs** (m)	[laks]
esturjão (m)	**Stör** (m)	[ʃtø:ɐ]
arenque (m)	**Hering** (m)	['he:ʀɪŋ]
salmão (m)	**atlantische Lachs** (m)	[at'lantɪʃə laks]
cavala, sarda (f)	**Makrele** (f)	[ma'kʀe:lə]
solha (f)	**Scholle** (f)	['ʃɔlə]
lúcio perca (m)	**Zander** (m)	['tsandɐ]
bacalhau (m)	**Dorsch** (m)	[dɔʁʃ]
atum (m)	**Tunfisch** (m)	['tu:nfɪʃ]
truta (f)	**Forelle** (f)	[ˌfo'ʀɛlə]
enguia (f)	**Aal** (m)	[a:l]
raia elétrica (f)	**Zitterrochen** (m)	['tsɪtɐˌʀɔχən]
moreia (f)	**Muräne** (f)	[muˈʀɛ:nə]
piranha (f)	**Piranha** (m)	[pi'ʀanja]
tubarão (m)	**Hai** (m)	[haɪ]
golfinho (m)	**Delfin** (m)	[dɛl'fi:n]
baleia (f)	**Wal** (m)	[va:l]
caranguejo (m)	**Krabbe** (f)	['kʀabə]
medusa, alforreca (f)	**Meduse** (f)	[me'du:zə]
polvo (m)	**Krake** (m)	['kʀa:kə]
estrela-do-mar (f)	**Seestern** (m)	['ze:ˌʃtɛʁn]
ouriço-do-mar (m)	**Seeigel** (m)	['ze:ˌʔi:gəl]
cavalo-marinho (m)	**Seepferdchen** (n)	['ze:ˌpfe:ɐtçən]
ostra (f)	**Auster** (f)	['aʊstɐ]
camarão (m)	**Garnele** (f)	[gaʁ'ne:lə]
lavagante (m)	**Hummer** (m)	['hʊmɐ]
lagosta (f)	**Languste** (f)	[laŋ'gʊstə]

92. Anfíbios. Répteis

serpente, cobra (f)	**Schlange** (f)	['ʃlaŋə]
venenoso	**Gift-, giftig**	[gɪft], ['gɪftɪç]
víbora (f)	**Viper** (f)	['vi:pɐ]
cobra-capelo, naja (f)	**Kobra** (f)	['ko:bʀa]
pitão (m)	**Python** (m)	['py:tɔn]
jiboia (f)	**Boa** (f)	['bo:a]
cobra-de-água (f)	**Ringelnatter** (f)	['ʀɪŋəlˌnatɐ]

T&P Books. Vocabulário Português-Alemão - 3000 palavras

| cascavel (f) | Klapperschlange (f) | [ˈklapɐˌʃlaŋə] |
| anaconda (f) | Anakonda (f) | [anaˈkɔnda] |

lagarto (m)	Eidechse (f)	[ˈaɪdɛksə]
iguana (f)	Leguan (m)	[ˈleːguaːn]
varano (m)	Waran (m)	[vaˈʀaːn]
salamandra (f)	Salamander (m)	[zalaˈmandɐ]
camaleão (m)	Chamäleon (n)	[kaˈmɛːleˌɔn]
escorpião (m)	Skorpion (m)	[skɔʁˈpjoːn]

tartaruga (f)	Schildkröte (f)	[ˈʃɪltˌkʀøːtə]
rã (f)	Frosch (m)	[fʀɔʃ]
sapo (m)	Kröte (f)	[ˈkʀøːtə]
crocodilo (m)	Krokodil (n)	[kʀokoˈdiːl]

93. Insetos

inseto (m)	Insekt (n)	[ɪnˈzɛkt]
borboleta (f)	Schmetterling (m)	[ˈʃmɛtelɪŋ]
formiga (f)	Ameise (f)	[ˈaːmaɪzə]
mosca (f)	Fliege (f)	[ˈfliːgə]
mosquito (m)	Mücke (f)	[ˈmʏkə]
escaravelho (m)	Käfer (m)	[ˈkɛːfɐ]

vespa (f)	Wespe (f)	[ˈvɛspə]
abelha (f)	Biene (f)	[ˈbiːnə]
zangão (m)	Hummel (f)	[ˈhʊməl]
moscardo (m)	Bremse (f)	[ˈbʀɛmzə]

| aranha (f) | Spinne (f) | [ˈʃpɪnə] |
| teia (f) de aranha | Spinnennetz (n) | [ˈʃpɪnənˌnɛts] |

libélula (f)	Libelle (f)	[liˈbɛlə]
gafanhoto-do-campo (m)	Grashüpfer (m)	[ˈgʀaːsˌhʏpfɐ]
traça (f)	Schmetterling (m)	[ˈʃmɛtelɪŋ]

barata (f)	Schabe (f)	[ˈʃaːbə]
carraça (f)	Zecke (f)	[ˈtsɛkə]
pulga (f)	Floh (m)	[floː]
borrachudo (m)	Kriebelmücke (f)	[ˈkʀiːbəlˌmʏkə]

gafanhoto (m)	Heuschrecke (f)	[ˈhɔɪʃʀɛkə]
caracol (m)	Schnecke (f)	[ˈʃnɛkə]
grilo (m)	Heimchen (n)	[ˈhaɪmçən]
pirilampo (m)	Leuchtkäfer (m)	[ˈlɔɪçtˌkɛːfɐ]
joaninha (f)	Marienkäfer (m)	[maˈʀiːənˌkɛːfɐ]
besouro (m)	Maikäfer (m)	[ˈmaɪˌkɛːfɐ]

sanguessuga (f)	Blutegel (m)	[ˈbluːtˌʔeːgəl]
lagarta (f)	Raupe (f)	[ˈʀaʊpə]
minhoca (f)	Wurm (m)	[vʊʁm]
larva (f)	Larve (f)	[ˈlaʁfə]

93

FLORA

94. Árvores

árvore (f)	Baum (m)	[baʊm]
decídua	Laub-	[laʊp]
conífera	Nadel-	['naːdəl]
perene	immergrün	['ɪmɐˌɡʀyːn]

macieira (f)	Apfelbaum (m)	['apfəlˌbaʊm]
pereira (f)	Birnbaum (m)	['bɪʁnˌbaʊm]
cerejeira (f)	Süßkirschbaum (m)	['zyːskɪʁʃˌbaʊm]
ginjeira (f)	Sauerkirschbaum (m)	[zaʊə'kɪʁʃˌbaʊm]
ameixeira (f)	Pflaumenbaum (m)	['pflaʊmənˌbaʊm]

bétula (f)	Birke (f)	['bɪʁkə]
carvalho (m)	Eiche (f)	['aɪçə]
tília (f)	Linde (f)	['lɪndə]
choupo-tremedor (m)	Espe (f)	['ɛspə]
bordo (m)	Ahorn (m)	['aːhɔʁn]
espruce-europeu (m)	Fichte (f)	['fɪçtə]
pinheiro (m)	Kiefer (f)	['kiːfɐ]
alerce, lariço (m)	Lärche (f)	['lɛʁçə]
abeto (m)	Tanne (f)	['tanə]
cedro (m)	Zeder (f)	['tseːdɐ]

choupo, álamo (m)	Pappel (f)	['papəl]
tramazeira (f)	Vogelbeerbaum (m)	['foːɡəlbeːɐˌbaʊm]
salgueiro (m)	Weide (f)	['vaɪdə]
amieiro (m)	Erle (f)	['ɛʁlə]
faia (f)	Buche (f)	['buːxə]
ulmeiro (m)	Ulme (f)	['ʊlmə]
freixo (m)	Esche (f)	['ɛʃə]
castanheiro (m)	Kastanie (f)	[kas'taːniə]

magnólia (f)	Magnolie (f)	[maɡ'noːliə]
palmeira (f)	Palme (f)	['palmə]
cipreste (m)	Zypresse (f)	[tsy'pʀɛsə]

mangue (m)	Mangrovenbaum (m)	[maŋ'ɡʀoːvənˌbaʊm]
embondeiro, baobá (m)	Baobab (m)	['baːobap]
eucalipto (m)	Eukalyptus (m)	[ɔɪka'lʏptʊs]
sequoia (f)	Mammutbaum (m)	['mamʊtˌbaʊm]

95. Arbustos

arbusto (m)	Strauch (m)	[ʃtʀaʊχ]
arbusto (m), moita (f)	Gebüsch (n)	[ɡə'bʏʃ]

| videira (f) | Weinstock (m) | ['vaɪnˌʃtɔk] |
| vinhedo (m) | Weinberg (m) | ['vaɪnˌbɛʁk] |

framboeseira (f)	Himbeerstrauch (m)	['hɪmbeːɐˌʃtʀaʊχ]
groselheira-preta (f)	schwarze Johannisbeere (f)	['ʃvaʁtsə joːˈhanɪsbeːʀə]
groselheira-vermelha (f)	rote Johannisbeere (f)	['ʀoːtə joːˈhanɪsbeːʀə]
groselheira (f) espinhosa	Stachelbeerstrauch (m)	['ʃtaχəlbeːɐˌʃtʀaʊχ]

acácia (f)	Akazie (f)	[aˈkaːtsiə]
bérberis (f)	Berberitze (f)	[bɛʁbəˈʀɪtsə]
jasmim (m)	Jasmin (m)	[jasˈmiːn]

junípero (m)	Wacholder (m)	[vaˈχɔldɐ]
roseira (f)	Rosenstrauch (m)	['ʀoːzənˌʃtʀaʊχ]
roseira (f) brava	Heckenrose (f)	['hɛkənˌʀoːzə]

96. Frutos. Bagas

fruta (f)	Frucht (f)	[fʀʊχt]
frutas (f pl)	Früchte (pl)	['fʀʏçtə]
maçã (f)	Apfel (m)	['apfəl]
pera (f)	Birne (f)	['bɪʁnə]
ameixa (f)	Pflaume (f)	['pflaʊmə]

morango (m)	Erdbeere (f)	['eːɐtˌbeːʀə]
ginja (f)	Sauerkirsche (f)	['zaʊɐˌkɪʁʃə]
cereja (f)	Süßkirsche (f)	['zyːsˌkɪʁʃə]
uva (f)	Weintrauben (pl)	['vaɪnˌtʀaʊbən]

framboesa (f)	Himbeere (f)	['hɪmˌbeːʀə]
groselha (f) preta	schwarze Johannisbeere (f)	['ʃvaʁtsə joːˈhanɪsbeːʀə]
groselha (f) vermelha	rote Johannisbeere (f)	['ʀoːtə joːˈhanɪsbeːʀə]
groselha (f) espinhosa	Stachelbeere (f)	['ʃtaχəlˌbeːʀə]
oxicoco (m)	Moosbeere (f)	['moːsˌbeːʀə]

laranja (f)	Apfelsine (f)	[apfəlˈziːnə]
tangerina (f)	Mandarine (f)	[ˌmandaˈʀiːnə]
ananás (m)	Ananas (f)	['ananas]

| banana (f) | Banane (f) | [baˈnaːnə] |
| tâmara (f) | Dattel (f) | ['datəl] |

limão (m)	Zitrone (f)	[tsiˈtʀoːnə]
damasco (m)	Aprikose (f)	[ˌapʀiˈkoːzə]
pêssego (m)	Pfirsich (m)	['pfɪʁzɪç]

| kiwi (m) | Kiwi, Kiwifrucht (f) | ['kiːvi], ['kiːviˌfʀʊχt] |
| toranja (f) | Grapefruit (f) | ['gʀɛɪpˌfʀuːt] |

baga (f)	Beere (f)	['beːʀə]
bagas (f pl)	Beeren (pl)	['beːʀən]
arando (m) vermelho	Preiselbeere (f)	['pʀaɪzəlˌbeːʀə]
morango-silvestre (m)	Walderdbeere (f)	['valt?eːɐtˌbeːʀə]
mirtilo (m)	Heidelbeere (f)	['haɪdəlˌbeːʀə]

97. Flores. Plantas

flor (f)	Blume (f)	['bluːmə]
ramo (m) de flores	Blumenstrauß (m)	['bluːmənˌʃtʀaʊs]
rosa (f)	Rose (f)	['ʀoːzə]
tulipa (f)	Tulpe (f)	['tʊlpə]
cravo (m)	Nelke (f)	['nɛlkə]
gladíolo (m)	Gladiole (f)	[ˌglaˈdɪoːlə]
centáurea (f)	Kornblume (f)	['kɔʁnˌbluːmə]
campânula (f)	Glockenblume (f)	['glɔkənˌbluːmə]
dente-de-leão (m)	Löwenzahn (m)	['løːvənˌtsaːn]
camomila (f)	Kamille (f)	[kaˈmɪlə]
aloé (m)	Aloe (f)	['aːloe]
cato (m)	Kaktus (m)	['kaktʊs]
fícus (m)	Gummibaum (m)	['gʊmiˌbaʊm]
lírio (m)	Lilie (f)	['liːliə]
gerânio (m)	Geranie (f)	[geˈʀaːnɪə]
jacinto (m)	Hyazinthe (f)	[hyaˈtsɪntə]
mimosa (f)	Mimose (f)	[miˈmoːzə]
narciso (m)	Narzisse (f)	[naʁˈtsɪsə]
capuchinha (f)	Kapuzinerkresse (f)	[ˌkapuˈtsiːnɐˌkʀɛsə]
orquídea (f)	Orchidee (f)	[ˌɔʁçiˈdeːə]
peónia (f)	Pfingstrose (f)	['pfɪŋstˌʀoːzə]
violeta (f)	Veilchen (n)	['faɪlçən]
amor-perfeito (m)	Stiefmütterchen (n)	['ʃtiːfˌmʏtɐçən]
não-me-esqueças (m)	Vergissmeinnicht (n)	[fɛɐˈgɪsmaɪnˌnɪçt]
margarida (f)	Gänseblümchen (n)	['gɛnzəˌblyːmçən]
papoula (f)	Mohn (m)	[moːn]
cânhamo (m)	Hanf (m)	[hanf]
hortelã (f)	Minze (f)	['mɪntsə]
lírio-do-vale (m)	Maiglöckchen (n)	['maɪˌglœkçən]
campânula-branca (f)	Schneeglöckchen (n)	['ʃneːglœkçən]
urtiga (f)	Brennnessel (f)	['bʀɛnˌnɛsəl]
azeda (f)	Sauerampfer (m)	['zaʊɐˌʔampfɐ]
nenúfar (m)	Seerose (f)	['zeːˌʀoːzə]
feto (m), samambaia (f)	Farn (m)	[faʁn]
líquen (m)	Flechte (f)	['flɛçtə]
estufa (f)	Gewächshaus (n)	[gəˈvɛksˌhaʊs]
relvado (m)	Rasen (m)	['ʀaːzən]
canteiro (m) de flores	Blumenbeet (n)	['bluːməənˌbeːt]
planta (f)	Pflanze (f)	['pflantsə]
erva (f)	Gras (n)	[gʀaːs]
folha (f) de erva	Grashalm (m)	['gʀaːsˌhalm]

folha (f)	Blatt (n)	[blat]
pétala (f)	Blütenblatt (n)	['bly:tən‚blat]
talo (m)	Stiel (m)	[ʃti:l]
tubérculo (m)	Knolle (f)	['knɔlə]

| broto, rebento (m) | Jungpflanze (f) | ['jʊŋ‚pflantsə] |
| espinho (m) | Dorn (m) | [dɔʁn] |

florescer (vi)	blühen (vi)	['bly:ən]
murchar (vi)	welken (vi)	['vɛlkən]
cheiro (m)	Geruch (m)	[gə'ʀʊχ]
cortar (flores)	abschneiden (vt)	['apʃnaɪdən]
colher (uma flor)	pflücken (vt)	['pflʏkən]

98. Cereais, grãos

grão (m)	Getreide (n)	[gə'tʀaɪdə]
cereais (plantas)	Getreidepflanzen (pl)	[gə'tʀaɪdə‚pflantsən]
espiga (f)	Ähre (f)	['ɛ:ʀə]

trigo (m)	Weizen (m)	['vaɪtsən]
centeio (m)	Roggen (m)	['ʀɔgən]
aveia (f)	Hafer (m)	['ha:fɐ]
milho-miúdo (m)	Hirse (f)	['hɪʁzə]
cevada (f)	Gerste (f)	['gɛʁstə]

milho (m)	Mais (m)	['maɪs]
arroz (m)	Reis (m)	[ʀaɪs]
trigo-sarraceno (m)	Buchweizen (m)	['bu:χ‚vaɪtsən]

ervilha (f)	Erbse (f)	['ɛʁpsə]
feijão (m)	weiße Bohne (f)	['vaɪsə 'bo:nə]
soja (f)	Sojabohne (f)	['zo:ja‚bo:nə]
lentilha (f)	Linse (f)	['lɪnzə]
fava (f)	Bohnen (pl)	['bo:nən]

PAÍSES DO MUNDO

99. Países. Parte 1

Afeganistão (m)	Afghanistan (n)	[afˈgaːnɪstaːn]
África do Sul (f)	Republik Südafrika (f)	[ʀepuˈbliːk zyːtˌʔaːfʀika]
Albânia (f)	Albanien (n)	[alˈbaːniən]
Alemanha (f)	Deutschland (n)	[ˈdɔɪtʃlant]
Arábia (f) Saudita	Saudi-Arabien (n)	[ˌzaʊdiʔaˈʀaːbiən]
Argentina (f)	Argentinien (n)	[ˌaʁɡɛnˈtiːniən]
Arménia (f)	Armenien (n)	[aʁˈmeːniən]
Austrália (f)	Australien (n)	[aʊsˈtʀaːliən]
Áustria (f)	Österreich (n)	[ˈøːstəʀaɪç]
Azerbaijão (m)	Aserbaidschan (n)	[ˌazɛʁbaɪˈdʒaːn]
Bahamas (f pl)	Die Bahamas	[di baˈhaːmaːs]
Bangladesh (m)	Bangladesch (n)	[ˌbaŋglaˈdɛʃ]
Bélgica (f)	Belgien (n)	[ˈbɛlɡɪən]
Bielorrússia (f)	Weißrussland (n)	[ˈvaɪsˌʀʊslant]
Bolívia (f)	Bolivien (n)	[boˈliːvɪən]
Bósnia e Herzegovina (f)	Bosnien und Herzegowina (n)	[ˈbɔsniən ʊnt ˌhɛʁtsəˈgoːvinaː]
Brasil (m)	Brasilien (n)	[bʀaˈziːlɪən]
Bulgária (f)	Bulgarien (n)	[bʊlˈgaːʀɪən]
Camboja (f)	Kambodscha (n)	[kamˈbɔdʒa]
Canadá (m)	Kanada (n)	[ˈkanada]
Cazaquistão (m)	Kasachstan (n)	[ˈkaːzaχˌstaːn]
Chile (m)	Chile (n)	[ˈtʃiːlə]
China (f)	China (n)	[ˈçiːna]
Chipre (m)	Zypern (n)	[ˈtsyːpɐn]
Colômbia (f)	Kolumbien (n)	[koˈlʊmbɪən]
Coreia do Norte (f)	Nordkorea (n)	[ˈnɔʁt·koˈʀeːa]
Coreia do Sul (f)	Südkorea (n)	[ˈzyːtkoˈʀeːa]
Croácia (f)	Kroatien (n)	[kʀoˈaːtsɪən]
Cuba (f)	Kuba (n)	[ˈkuːba]
Dinamarca (f)	Dänemark (n)	[ˈdɛːnəˌmaʁk]
Egito (m)	Ägypten (n)	[ɛˈgʏptən]
Emirados Árabes Unidos	Vereinigten Arabischen Emirate (pl)	[fɛɐˈʔaɪnɪgən aˈʀaːbɪʃən emiˈʀaːtə]
Equador (m)	Ecuador (n)	[ˌekuaˈdoːɐ]
Escócia (f)	Schottland (n)	[ˈʃɔtlant]
Eslováquia (f)	Slowakei (f)	[slovaˈkaɪ]
Eslovénia (f)	Slowenien (n)	[sloˈveːnɪən]
Espanha (f)	Spanien (n)	[ˈʃpaːnɪən]
Estados Unidos da América	Die Vereinigten Staaten	[di fɛɐˈʔaɪnɪçtən ˈʃtaːtən]
Estónia (f)	Estland (n)	[ˈɛstlant]

| Finlândia (f) | Finnland (n) | ['fɪnlant] |
| França (f) | Frankreich (n) | ['fʀaŋkʀaɪç] |

100. Países. Parte 2

Gana (f)	Ghana (n)	['ga:na]
Geórgia (f)	Georgien (n)	[ge'ɔʁgɪən]
Grã-Bretanha (f)	Großbritannien (n)	[gʀo:s·bʀi'tanɪən]
Grécia (f)	Griechenland (n)	['gʀi:çən‚lant]
Haiti (m)	Haiti (n)	[ha'i:ti]
Hungria (f)	Ungarn (n)	['ʊŋgaʁn]
Índia (f)	Indien (n)	['ɪndɪən]

Indonésia (f)	Indonesien (n)	[ɪndo'ne:zɪən]
Inglaterra (f)	England (n)	['ɛŋlant]
Irão (m)	Iran (m, n)	[i'ʀa:n]
Iraque (m)	Irak (m, n)	[i'ʀa:k]
Irlanda (f)	Irland (n)	['ɪʁlant]
Islândia (f)	Island (n)	['i:slant]
Israel (m)	Israel (n)	['ɪsʀae:l]

Itália (f)	Italien (n)	[i'ta:lɪən]
Jamaica (f)	Jamaika (n)	[ja'maɪka]
Japão (m)	Japan (n)	['ja:pan]
Jordânia (f)	Jordanien (n)	[jɔʁ'da:nɪən]
Kuwait (m)	Kuwait (n)	[ku'vaɪt]

| Laos (m) | Laos (n) | ['la:ɔs] |
| Letónia (f) | Lettland (n) | ['lɛtlant] |

Líbano (m)	Libanon (m, n)	['li:banɔn]
Líbia (f)	Libyen (n)	['li:byən]
Liechtenstein (m)	Liechtenstein (n)	['lɪçtənˌʃtaɪn]
Lituânia (f)	Litauen (n)	['lɪtaʊən]
Luxemburgo (m)	Luxemburg (n)	['lʊksəmˌbʊʁk]

| Macedónia (f) | Makedonien (n) | [makə'do:nɪən] |
| Madagáscar (m) | Madagaskar (n) | [ˌmada'gaskaʁ] |

Malásia (f)	Malaysia (n)	[ma'laɪzɪa]
Malta (f)	Malta (n)	['malta]
Marrocos	Marokko (n)	[ˌma'ʀoko]
México (m)	Mexiko (n)	['mɛksiko:]
Myanmar (m), Birmânia (f)	Myanmar (n)	['mɪanma:ɐ]

| Moldávia (f) | Moldawien (n) | [mɔl'da:vɪən] |
| Mónaco (m) | Monaco (n) | [mo'nako] |

Mongólia (f)	Mongolei (f)	[ˌmɔŋgo'laɪ]
Montenegro (m)	Montenegro (n)	[mɔnte'ne:gʀo]
Namíbia (f)	Namibia (n)	[na'mi:bia]
Nepal (m)	Nepal (n)	['ne:pal]
Noruega (f)	Norwegen (n)	['nɔʁˌve:gən]
Nova Zelândia (f)	Neuseeland (n)	[nɔɪ'ze:lant]

101. Países. Parte 3

Países (m pl) Baixos	Niederlande (f)	['niːdɐˌlandə]
Palestina (f)	Palästina (n)	[palɛsˈtiːna]
Panamá (m)	Panama (n)	[ˈpanamaː]
Paquistão (m)	Pakistan (n)	[ˈpaːkɪstaːn]
Paraguai (m)	Paraguay (n)	[ˈpaːʀagvaɪ]
Peru (m)	Peru (n)	[peˈʀuː]
Polinésia Francesa (f)	Französisch-Polynesien (n)	[fʀanˈtsøːzɪʃ polyˈneːzɪən]

Polónia (f)	Polen (n)	[ˈpoːlən]
Portugal (m)	Portugal (n)	[ˈpoʁtugal]
Quénia (f)	Kenia (n)	[ˈkeːnia]
Quirguistão (m)	Kirgisien (n)	[ˈkɪʁgiːziən]
República (f) Checa	Tschechien (n)	[ˈtʃɛçɪən]
República (f) Dominicana	Dominikanische Republik (f)	[dominiˌkaːnɪʃə ʀepuˈblik]
Roménia (f)	Rumänien (n)	[ʀuˈmɛːnɪən]

Rússia (f)	Russland (n)	[ˈʀʊslant]
Senegal (m)	Senegal (m)	[ˈzeːnegal]
Sérvia (f)	Serbien (n)	[ˈzɛʁbɪən]
Síria (f)	Syrien (n)	[ˈzyːʀɪən]
Suécia (f)	Schweden (n)	[ˈʃveːdən]
Suíça (f)	Schweiz (f)	[ʃvaɪts]
Suriname (m)	Suriname (n)	[syʀiˈnaːmə]

Tailândia (f)	Thailand (n)	[ˈtaɪlant]
Taiwan (m)	Taiwan (n)	[taɪˈvaːn]
Tajiquistão (m)	Tadschikistan (n)	[taˈdʒiːkɪstaːn]
Tanzânia (f)	Tansania (n)	[tanˈzaːnɪa]
Tasmânia (f)	Tasmanien (n)	[tasˈmaːnɪən]
Tunísia (f)	Tunesien (n)	[tuˈneːzɪən]
Turquemenistão (m)	Turkmenistan (n)	[tuʁkˈmeːnɪstaːn]

Turquia (f)	Türkei (f)	[tyʁˈkaɪ]
Ucrânia (f)	Ukraine (f)	[ˌukʀaˈiːnə]
Uruguai (m)	Uruguay (n)	[ˈuːʀugvaɪ]
Uzbequistão (f)	Usbekistan (n)	[ʊsˈbeːkɪstaːn]
Vaticano (m)	Vatikan (m)	[vatiˈkaːn]
Venezuela (f)	Venezuela (n)	[ˌveneˈtsueːla]
Vietname (m)	Vietnam (n)	[vɪɛtˈnam]
Zanzibar (m)	Sansibar (n)	[ˈzanzibaːɐ]

www.ingramcontent.com/pod-product-compliance
Lightning Source LLC
Chambersburg PA
CBHW071502070426
42452CB00041B/2099